阳光教室系列

YANGGUANG JIAOSHI XILIE

刘兆瑛○著

建立学生自我形象70式

JIANLI XUESHENG ZIWO XINGXIANG 70 SHI

四川教育出版社

图书在版编目（CIP）数据

建立学生自我形象70式/刘兆瑛著. —成都：四川教育出版社，2013.7
（阳光教室系列）
ISBN 978－7－5408－6330－2

Ⅰ. ①建…　Ⅱ. ①刘…　Ⅲ. ①中小学生—个人—形象
Ⅳ. ①G635. 5

中国版本图书馆CIP数据核字（2013）第136447号

责任编辑　杨　键
装帧设计　毕　生
责任印制　陈　庆　杨　军
出版发行　四川教育出版社
　　　　　地　　址　成都市槐树街2号
　　　　　邮政编码　610031
　　　　　网　　址　www. chuanjiaoshe. com
印　　刷　四川福润印务有限责任公司
制　　作　成都完美科技有限责任公司
版　　次　2014年4月第1版
印　　次　2014年4月第1次印刷
成品规格　155mm×218mm
印　　张　10
定　　价　19.00元

如发现印装质量问题，请与本社联系。电话：（028）86259359
营销电话：（028）86259477　邮购电话：（028）86259694
编辑部电话：（028）86259381

总序

近年来，香港的学校，在不少教室中，长年累月是阴霾密布，充满着幽暗与郁闷，了无生气。

许多孩子厌恶上学，视为畏途。于是旷课、逃学或干脆辍学。至于肯回校上课的，不少是度日如年，无心向学而行为顽劣，结果是学习成效低下。老师不少亦厌恶和害怕上课的，他们自嘲为“四等”或“五等”教师，而教学成效恶劣，是极其自然的结果。为什么会有这些现象？背后是些什么原因？问题可以解决吗？还是学校生活根本就是如此灰暗可怕？我的回答是：“不，这绝对不是必然的。”相反地，我们在不少学校中，每天可以看到教师和学生都含着盈盈笑意在教导和学习。在融洽亲切的智慧和心意交流中，课堂中充溢着阳光，亦即宝贵的生命之光。

同样是学校教育，为什么会出现如此截然不同的景象呢？“阳光教室系列”的创议和出版，正是回应上述种种问题。近年来学生问题出现恶化的现象，由于问题的根源复杂，不可单靠学校教育来解决。但我们深信，学校和教师，在青少年儿童的成长历程中，始终扮演着重要的角色。“阳光教室系列”的作者们尝试以教育和辅导的理论为基础，从学生、教师、家长等不同角度来探索种种课题和困难。他们带出一个重要的信念：教育工作的确是日益艰困；不过，倘若我们在留意课程、教学法、学校设备和校政之外，还为被忽略的“人”这一元素重新定位的话，教育仍然是有成效的。

“阳光教室系列”是一个上佳的名称。植物需要阳光才能长大。孩子在学校中，同样需要一个人性化而温暖的环境，才能有效和快乐地学习和成长。但遗憾的是，学校越来越像工厂的生产，而教育工作者有时居然会忘记了自己和学生都是有血有肉的人。

十年前，我的一位学生决定离开已任教七年的学校。她感慨地对我说："除了人与人的疏离和争斗之外，最近学校宣布，从下半年起，学生成绩册上的操行等第和评语，将一概由电脑处理。教师不必、亦无权过问。"她在许多教师雀跃于工作减轻的同时，只感觉到学校非人性化的环境越来越冰冷。十年后的今天，学校的科技设施有了更大的改进，可是教育工作者是否真的能善用科技？抑或会因此导致更多教育的危机？

事实已一再显示，当教育工作者视学校如工厂，忘记了教育是尊贵的人的事业时，很容易会偏离了正轨。"阳光教室系列"基本上没有什么"新意"，只是在作者们平实的表达和有理有情的笔触中，大家会发现三种教育最基本的理念：首先是"诚"，包括了教师对自己和对学生的一份诚意。其次是"信"，是对每一个学生独特性的尊重和接纳。第三是"心"，是指教师对教育工作的热爱和投入。总括以上三点，其实就是一种崇高而庄严的教育爱。

喜见"阳光教室系列"的出版，亦高兴于列位富有经验和学养的教育工作者参与这一项很有意义的工作。闭目遐想，我看见在阳光洒满一地的教室中，教师带着微笑兴致勃勃地带领着学生在研习。在学生充满好奇、盼望和兴趣的眼神中和偶尔迸发出的呐喊和笑声中，我欣然看到了跳跃的生命，也看到了生命与生命的交流。我深信此过程促进了生命的茁壮成长——包括了莘莘学子和春风化雨的良师，大家一同经历成长的满足和喜乐。

林孟平

（香港中文大学教育学院心理辅导学教授）

自序

在过去十七年的教学生涯中，影响我至大的还是在中圣书院当校长的那六年。它是一所非盈利的买位私立中学(买位制度：由政府向部分私立学校购买学额并为入学学生交纳学费)，校内的学生大都是饱经失意，在学业上成绩不佳，屡受挫折的失败者，自信心薄弱，自我形象甚低。我与老师们在这样的环境中，服侍有需要的一群学生。

在这期间，我进入香港中文大学攻读辅导心理学。我发现众多辅导理论都不约而同地强调辅导员和受导者间的关系，而辅导员真挚诚恳、尊重接纳和共鸣同感的态度，正是建立具有治疗效应关系的重要因素。我尝试将这一信念实践在学校教育之中，面对这群屡受挫折、常常被人看不起的学生，我和老师们仍然把他们当作人来看待，代入他们的处境，明白他们的内心世界，借此帮助他们重建自信，提升自我形象，这本书很多例子都是来源于这六年来的经验。

根据沙福逊(Shavelson)的界定，总体自我形象包括学术、社群、体态及情绪四大类别。本书尝试根据这个多层次导向的架构，借着七十篇文章讨论如何帮助学生建立健康的自我观。

本书最重要的观点是“用爱去建立师生关系”。我深信以真诚、同感、尊重的态度与学生相处，就能帮助他们建立健康的自我形象。过去我曾经把辅导理论具体地应用于教学生活当中，让理论不再单是理论，而是教学实践的基础。此书展示了我过去十多年的教学和生命体验，愿能彼此分享激励，让欠缺爱的学生再一次经历“爱”，建立自信和自我肯定。

要建立学生健康的自我形象，我们需要一群懂得爱和关心的老师。爱别人，首先要懂得爱自己。让我们一起学习欣赏自己、欣赏学生。

最后，我必须要衷心多谢以下人士：

我感激太太洁贞的不断支持，承担照顾家庭的重责。在我彻夜不眠地赶写稿件的时候，令我无后顾之忧，更提供宝贵意见，让我参考。谢谢小儿刘璞真诚的表达。有一天，他曾这样对我说："爸爸，你最近这么忙碌还与我一起温习功课，我觉得你很爱我。"你的回应给我很大的鼓励。

感谢林孟平教授为"阳光教室系列"写总序。我从你身上学会了怎样做一个真诚的人。亦多谢卢乃桂院长及蔡元云医生给我宝贵意见及对本书的推介。

谢谢我过去的同人对我的鼓励和支持。你们对人本教育的坚持和信念，加强了我对教育的信心。谢谢我的学生，让我有机会参与你们的成长历程。此书所载的，大部分都是你们留给我在教育事业上美好的回忆。更感激袁文得、谢淑贤、周朱瑞华在我艰苦写作中给与支持；李庆宏、林铭棠、陈伯嘉，钟丽雯、梁丽萍、詹洁仪及饶菊英与我交流教学心得和经验，让本书内容更为丰富。

最后，谢谢编辑潘来基先生的忍耐，以及香港教育图书公司的同人，使此书得以出版。

谨以此书献给太太洁贞、小儿刘璞，以及那些在教育事业上坚守岗位、不断求进步的同人们。

刘兆瑛

目录

I 老师，你是谁？

II 体态自我形象

IV 社群自我形象

V 情绪自我形象

I 老师，你是谁？

我是谁？

教师本身拥有健康的自我形象，

是帮助学生建立自信自尊的基础。

要帮助学生建立健康的自我形象，成为自信自尊的一群，我们必须先拥有一群委身于教育、处事积极进取及高效能的教师。而这群教师亦必须具备健康的自我形象，充满自信及充分了解自己。

“我是谁”是一个我经常问自己的问题。当我年少时，常常问母亲：“妈妈，我是怎样来到这个世界的？”母亲通常对我微笑一下，不慌不忙地回答：“你哪！你是从石头里蹦出来的。”我当然不满意这个答案，心中继续问“我为什么来到这个世界”、“我将来要做什么”，其实这些问题都是围绕着“我是谁”而出发的。

今天我之所以为我，你之所以为你，都是我们的过去经验一点一滴地累积而成。对某些人而言，这些过去的经验可能变成了零碎的片段，没法组织起来，他们对自己的印象模糊；更有甚者，有些人根本不了解自己，不知道自己在做什么，抱着“得过且过”、“今朝有酒今朝醉”的心态过活。

了解自我是接纳自己的开始，也是建立健康自我形象的重要基础。了解自我的人通常自信心较强、负责任和具有使命感，他们知道自己的长处，也明白自己的不足。这样的老师，许多时候可以较有效地刺激学生成长，成为学生学习的榜样。

“我是谁”是每一个青少年在成长历程中经常会遇到的问题，无论在他们的行为或思想上，都反映出他们期望找到“我是谁”的答案。你作为这群青少年的老师，找到“我是谁”的答案没有？

个人反省

* 写下三个正面形容你自己的词句。

* 你父母给你最正面的评语是什么？

具体实践

* 在下图的生命线上标明不同的时期，并写上你成长中的重要事件和影响你的人物（若空间不足，可以在一张白纸上进行此项活动）。完成后可仔细想想，有何感受？尝试跟你的好友或伴侣分享活动的体会。

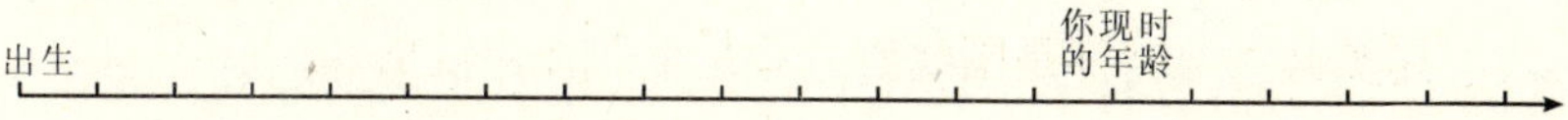

你的补充

真诚

如果我向您坦诚地表白我自己，

请不要使我感到难为情。

——约翰·鲍威尔（John Powell）《为什么我不敢告诉你我是谁？》

在成年人的世界中，许多人都会戴上不同的面具来与人交往。教师们也不例外，在与学生相处时，我们也会戴上面具，避免流露真我。例如很多同行认为，当学生提问时，教师必须提供合理完满的答案才算是好教师，所以，即使他们未能充分了解学生的提问内容，也会侃侃而谈，装作专家，提供了与事实不符却又似是而非的答案。

我有过这样的经验，自己曾经备课不足，在课堂上教错了一些概念，回家翻查教科书，发现了错误，心中有很大的挣扎，我该怎样向学生交代自己的疏忽呢？我要道歉吗？我要怎样维持我在学生心中的形象？

最后，我选择了向学生表明真相，说明因自己备课不足而错教了一些概念，然后将该概念重新教授，并向学生致歉。换来的可不是学生们的嘘声和喝倒彩，相反，学生接纳和体谅了我。

“真诚”就是在人与人相处的时候表达出“真正的我”，不用为面具所束缚，也不用因为我们要时刻保持教师的“专业形象”而耗损不少精力，结果只余下很少精力来帮助学生成长。做一位“真诚”的老师，除了自己能享受自由的生活之外，学生亦会受到感染，做回真正的学生。

然而，真诚的基础必须建立于对学生的关爱，否则，盲目地表达“真诚”可能只把学生作为个人发泄情绪的对象，而一些具有伤害性的话语，教师可以选择不说出来，但跟学生说的，必须是事实。

老师不是超人，只是凡人，老师也有他的限制，让我们脱下面具，做一个有血有肉有感情的教师，将许许多多附加于“教师”之上的枷锁除下，相信这样的老师，可以令学生感到易于亲近和具安全感，并能成为学生的榜样，促进学生不断成长。

个人反省

* 我与学生的关系疏离吗？这是因为我经常隐藏自己吗？
* 我可以在学生和同行面前毫不含糊地表达真正的自己吗？

具体实践

* 真诚地称赞学生，欣赏他们的好表现。
* 学习不对学生说谎话，若有不便向学生表白的事件，便清楚表示自己不想将该事件讲出来。

你的补充

尊重

亲爱的你，请你也给我尊重，正如我尊重你一样，

因为我也跟你一样看重自尊。

——欣迎《老师心声》

倘若我说："我们要尊重我们的学生，因为尊重可以令学生学习自重，并提升他们的自尊感。"可能有一些同人会回应说："为什么要我尊重学生？学生不是要尊重我吗？"

辅导心理学家伊根（Gerard Egan）曾经指出，"尊重"作为辅导员第一步要做的工作，那是非常重要的。而教师许多时候都扮演着辅导者的角色，故此尊重对于教师而言，也是一门需要学习的功课。

当我在中学担任校长一职时，我要求学生们在早上碰到师长同学时要学习说："早上好。"那时，我每天乘坐小巴回校，下了车总得走上十多分钟的路，当我在路上超过一些学生时，我总会轻拍他们的肩头，说声早上好。学生起初不太习惯，表现得有点惊慌失措。但逐渐大家都学会了对人说早上好。有些时候，当我早上站在校门附近，观看学生返校的情况时，不少学生都主动地走过来跟我说声早上好。

我很赞同伊根对尊重的观点，他认为尊重不单是一种态度、对人的一种观感或一种价值，尊重更是要用行为表达出来的。此外，我觉得尊重也是一种对人性尊严重视的态度和对每个人的权利的珍视。

透过尊重，学生除了感到老师的关注和爱护之外，也可以学习重视自己的尊严，感受到自己存在的价值和意义。而公平、聆听和关注是我们向学生表达尊重的途径。

个人反省

* 在你读书的岁月，有没有感到老师或校方的尊重呢？你的感受如何？
* 你和学生相处时可以互相尊重吗？你认为有什么因素影响现时你和学生之间的关系？

具体实践

* 常常用“请”和“谢谢你”跟学生交谈。
* 在课室壁报上设立民主墙，让学生表达他们的意见。
* 打招呼或提问时，尽量以学生的名字来称呼学生。
* 与学生或同行分享一件你尊重学生的经历。

你的补充

接纳

只要我能接受我自己，并向你展示整个的我，

多半我就能帮助你去接受并开放你自己。

——约翰·鲍威尔（John Powell）《为什么我不敢告诉你我是谁?》

我们大多尝过被别人拒绝的滋味，许多时候，我们不敢向别人表白我们真正的需要，因为我们害怕会遭人拒绝。

学生在成长的过程中，也和我们一样，学会了用逃避的方法来掩饰真我，借此避免遭遇别人的拒绝。渐渐我们便会自然地戴上面具，扮演着另一个角色，将真正的自己隐藏起来。

“接纳”的态度是帮助学生建立健康正确的自我形象不可或缺的因素。无疑，当你面对一群上课喧哗、不守秩序、成绩差劣，甚至恶意捣蛋的学生时，要接纳他们可真不是一件容易的事。我们甚至会怀疑，以接纳的态度面对这等学生，是否纵容了他们，助长了他们的不良行为?

其实，接纳就是要认同每个人的独特性，明白每个人的行为都是一个很复杂的过程，其背后总有一定的因由。我曾经遇到一些连四则运算也未学会的中一学生，他们上数学课时根本听不明白，许多时候只有用叫嚣、睡觉、扮小丑的方法来消磨上课的时间。下课后，我便约了他们个别面谈，表示我对他们的关注。

正因为我接纳他们的学能背景，其数学只有小二的程度，我便跟他们重订课程，当其他同学学习一元二次方程式的时候，他们便背诵乘数表，做四则运算，结果这群学生也进步起来。

接纳并不等于完全认同一个人的行为。我们也不应该要求学生先行改变，才接纳他们。相反，接纳可以成为学生改善的动力，面对老师接纳的态度，学生也学会接纳自己。

个人反省

* 有什么学生是你感到难以接纳的？为什么？
* 你对他们的行为或态度有何感受？你接纳自己这些感受吗？

具体实践

* 与学生个别面谈以了解学生的背景，可以帮助你较容易地接纳他们。

你的补充

同感

同感是对当事人的内心世界有准确以至于有如亲历的了解，感受当事人的内心世界，如感受自己的一样，这就是共鸣同感了。

——罗杰斯（Carl Rogers）

所谓同感，是尝试站在对方的立场，感受对方的感觉，设身处地，感同身受，并且让对方知道我明白他的处境和感觉。在建立学生健康自我形象的过程中，老师的同感，许多时候可以成为强有力的催化剂，帮助学生了解和接纳自己，并且感受到被人珍视。

在多年前的一个暑假，学校收录中一学生时，我赫然发现在报到的新生中，出现了一位很引人注意的学生，他身穿背心短裤，脚上穿了一双胶拖鞋，但最吸引人的要算他那一把染得五彩缤纷而又修剪得类似鹦鹉的头发。训导主任随即走上前跟他解释学校规则，而中一的班主任们则十分关注这位同学将要编派到哪一班，同事们都担心他将会带给学校纪律问题。

谁知开课后，这位同学并没有带给我们多大的麻烦，因为他一周大都只回校半天，作为校长的我，总不能坐视不理。有一天，很幸运地在休息时间见到他，我邀请他到办公室谈谈。他告诉我他的父亲是个瘾君子，而母亲因父亲的行为已离家出走了，每月只会回家一次探望他。我眼望这个孩子，心中满是无奈，我感到自己很难明白他内心的感受，也不知道他的需要。我有一位很负责任和努力工作的父亲，也有一位慈祥和蔼的母亲。要我设身处地，以对方的身份和角色去感受，真的是一点也不容易。

不过，我开始明白他为何自暴自弃，也明白他为何在校外要结交那么多的黑道人物。言谈之间，我忽然有所领悟，我告诉他其实他期望自己能够有一位负责任的父亲，他听到这话便开始饮泣，一个原先抗拒不服从的孩子，在这次交谈中慢慢地软化过来。

同感确实是一件强而有力的工具，它促使学生们对自己的内心世界作更透彻的探讨，接触真我，从而提高自觉和对自己的认识。

个人反省

* 你有没有放下你的标准，尝试进入学生的内心世界，了解他们的感受，分担他们的喜与忧？这次的经验怎样？

具体实践

* 扩展自己的生活领域，尝试不同的活动，以增加不同的经验，使面对不同背景、不同遭遇的学生时，可以较容易进入对方的角色之中。
* 常与别人分享自己的感受，提高自己的自觉。

你的补充

安全感

必须让孩子感到安全。只有这样，

他才能够一步一步健康地成长。

——马思洛（Abraham Maslow）

著名的心理学家马思洛（Abraham Maslow）谈及人类的需要时，他将安全感放在需要阶梯（Hierarchy of Needs）的第二个层次，除了维持生命的基本需要如进食、饮水等之外，安全感可算是其他需求的基础。人类先感到安全，才追求爱与被爱的体验，建立个人的自尊，进而向自我实现的目标迈进。

初踏入中学校园的中一学生，是比较缺乏安全感的一群，他们要面对陌生的环境、生疏的面孔、不习惯的时间表和教学语言，以及未适应的校规等等，许多时候都会感到不安，甚至会不知所措，担心自己在不知不觉间犯了校规，遭受惩罚。

安全感的出现，是基于一个支持的环境，及当事人对环境的预测和控制的能力。倘若学生们所遇到的学校生活与他们所期望的大致相同，不用面对冷酷无情的脸容和刻薄挑剔的批判，而老师则能够体谅宽容，亲切而友善，事事表示关心和协助，同时不以特警的角色出现，监视他们，我相信学生们会比较容易体验到安全感。

此外，任教中一级的同行应尽快帮助学生认识周围的同学，建立友谊。又指示他们校舍的一些设施所在，例如：洗手间、教员休息室、医疗室、课室等等，好让学生们在有需要的时候应用。再者，清楚扼要地介绍学校和课室规则，让学生们知所遵行，为学生们建立一个安全的学习环境。

有安全感的学生，通常会比较自信，并且在学习上勇于发问，又敢于创新和尝试新的事物，具有冒险精神，即使有时偶遇挫折，仍有重新开始的韧力与勇气，可以自由地迈步成长。

个人反省

* 你的学生的学习环境是安全和支持的吗？有什么人物或事件令这学习环境的安全感降低？
* 你怎样帮助你的学生营造一个充满安全感的学习环境？

具体实践

* 在中一年级学期初，教师可让学生分成小组，请大家互相介绍自己的名字、居住地区和来自何校，并分享一件小趣事，使学生们尽快建立朋辈的关系。
* 订立班内规则要简单易明。我曾对学生有三个要求，第一要诚实，第二要有礼貌，第三要用功。简单地告诉学生这些要求的具体表现及其原因。

你的补充

信念

透过教育，每个人都可以改变，并且可以变得更好；透过教育，每个人都可被塑造，朝一个更好的模式发展。

教育界对如何管教学生，一向存在分歧。有人主张对学生必须用严刑峻法，所谓“治乱世，用重典”，要教育现时这么顽劣的学生，非严厉不可。也有人主张人本主义，坚持对每一个学生表达同感，给予尊重，相信即使是第五组别的学生，在老师真诚的教导下仍可茁壮成长。

教师在施教时，往往会不自觉地将他的人性观表现出来。例如：有些同行相信人性邪恶时，他们会对学生强加限制，每事均持怀疑不信任的态度，尽量收紧学生的活动空间，以减少学生的恶行；也有些同行相信人性善良，他们所采用的施教方法便截然不同。教师的人性观往往成为教学行为的重要基础，而教育的成败得失亦系于此。

不论你赞成严刑峻法或支持人本教育，最重要的是你必须对人性持有积极而正面的信念，你才可以较有效地帮助学生成长。最低限度，我们必须相信人是具有可塑造性和可改变性。透过教育，每个人都可以改变，并且可以改变得更好；透过教育，每个人都可以被塑造，朝一个更好的模式发展。

西谚有云："当你想象你可以做到，那你便可以做到。"其理亦在此。有些教师相信那些"问题学生"会自暴自弃，不受管教，这些标签反映出同人们对这群"问题学生"的人性绝对地否定，认定了学生绝对不会改变，也不能被塑造，我对此十分有保留。倘若我们对人性的看法如此消极，我们怎能期望学生进步呢？而教育又有什么意义呢？

每个人对人性均有一套看法，教师应当多作反省，以了解自己的人性观，存积极正面的态度，相信学生可以改变，也可以被塑造，协助学生迈步成长。

个人反省

* 你相信人可以改变吗？人可以被塑造吗？
* 你对人生的看法怎样？这种看法怎样影响你的教学？

具体实践

* 尝试发掘学生的长处。
* 与同人分享和讨论大家对人性的观点，并借此讨论一些施教的原则。

你的补充

委身

与其要那短短的蜡烛慢慢燃点，倒不如让它拼命地烧，让更多人看到它的光芒。

——吴明钦《燃点此生》

“为什么你想当教师？”这是教师在求职时经常遇到的问题，许多申请者都会侃侃而谈，将自己对教育工作的理想和抱负一一阐述，以期打动对方。不过，当了一段日子教师的你，今天怎样看教师的身份呢？教育工作真是这么神圣，值得你投身其中吗？教育工作真的这么有意义吗？你仍然坚持你对教育的理想和期望吗？

老师对委身于教育的态度，往往对学生造成许多正面的影响，往往委身于教育的老师，具有异象和使命感。有异象的意思是指这些老师很清楚知道自己在做什么，他们明白从事教育工作的意义，有清晰的目标和方向感，事事以学生的福祉为依归。具有使命感的意思是指这些老师一般都比较有冲劲，即使入行时间长，仍是充满热诚，干劲十足，勤奋而有爱心，愿意承担一些额外的工作，教学形式多元化，借着不同的教学活动来教导学生。

自我形象较低的学生，一般都会比较被动，做事缺乏目标和方向感，遇事犹豫不决，避免做决定。教师委身教育工作的态度，具有一定的感染力，也许可以对这些学生造成一定的冲击，使他们较为积极，不再自暴自弃。更有甚者，学生因为感受到老师的使命感，也尝试为自己计划人生。

教师愿意委身于教育事业，很多时候会成为学生仿效的对象。学生除了学习教师所教授的学科知识外，更可以学习教师处事的态度和做人的原则，做一个肯投身也敢承担的人。即使是顽劣的学生，看见老师委身于教育的态度，也会肃然起敬。

个人反省

* 你最初为什么当教师？教育工作对你有什么意义？
* 当了教师一段日子，你对教育的热诚有没有减退？你仍然愿意委身于教育事业吗？你的满足感从哪里来呢？

具体实践

* 与学生分享你当教师的原因和经过，并且说说你对教育工作的体会和感受。
* 鼓励学生为自己计划将来，设计一些表格供学生写下他们在这一学年或两三年后的目标，并请学生写下实现这些目标的方法。

你的补充

支持鼓励

在鼓励中成长的孩子，满怀自信。

每个人都需要别人的支持和鼓励，在别人赞赏的声音中，我们通常不会怠慢，除了表现出较高的水准，心情还会感到舒畅愉快。

我曾经尝试只用一星期的时间，把学生的文章改好，并且发还与学生。下课后，其中一位学生主动走上前来，向我表示她欣赏我这次快速的批改，她感到我很用心地在文章上写评语。我顿时感到很开心，对过去一星期的辛劳工作感到十分值得。学生正面的回馈令我甚感快慰。

鼓励和支持诚然是一种强大的推动力。有一次，学校举行陆运会，我一大早便到达会场，有一些风纪队员在会场门口站岗，一见我到达便跟我打招呼，他们更邀请我参加当天一场公开赛——一千五百米赛跑。在学生盛意拳拳的邀请下，我感到不便推却，况且自己一向喜欢运动，心想区区一千五百米，总可应付得来。

发令枪声一响，比赛开始了。我跑在人群当中，虽然不能名列前茅，总不至做殿后大将军吧！赛跑过程中，学生不断为我打气，加油之声不绝，在学生们支持和鼓励声中，我竟然完成了赛事，而且不至沦为榜末。虽然跑完后，两腿发酸，好像不属于我似的。我心中不禁暗暗诅咒运动场的设计者，为何上看台要走这么长的楼梯，我双手攀扶着楼梯的扶手，一级一级地走回看台。

支持和鼓励确有它的魔力，在这魔力驱使之下，即使面对难关，也会竭力一试，不会轻言放弃。我也深信学生在我们支持和鼓励的声音之下，亦会有更大的动力，冲破成长上一个又一个的困难。

个人反省

* 你用什么方法来鼓励你的学生？他们有何反应？
* 什么学生最需要你对他们支持和鼓励？通常这样的学生可以得到你的鼓励吗？你的同人又如何对待他们呢？

具体实践

* 送给学生一张心意卡，写上你对他们的期望及表示你愿意支持他们达到目标。
* 多对学生说：“你也做得到。”

你的补充

自我突破

老师，您也需要学；您不学，我怎能从您那里学到更多新的东西？

——林双不《学生心声》

不断成长的教师可以更有效地引导学生成长。教师如能积极面对生命、自信而有冲劲，很多时候会成为学生模仿和学习的榜样，从而使学生不断进步。

跑完了一千五百米长跑的第二天，也是当年陆运会的最后一天，我拖着疲乏的双腿，早上到达运动场，迎面碰上几位高年级的学生，他们除了跟我打招呼外，竟然邀请我参加是日的另一项长跑项目三千米赛跑。我昨天才跑完一千五百米，难道今天还要跑三千米吗？这是有生以来从未跑过的距离。于是我只敷衍了几句便走回司令台。

时间一点点过去，三千米比赛快要开始了。不少学生和老师走到司令台，邀请我参加。我实在很矛盾，一方面，昨天跑一千五百米后的倦意还未消退，另一方面，我又感到盛情难却。三千米不是一个短的路程，故此我们容许参赛健儿在不能完成赛事时提早“上岸”。基于这一设计，我便毅然跑到三千米的起点，心中早已盘算好，只跑两圈便“上岸”了。

赛事开始后，我混在参赛者当中，转过弯道便进入看台前面的直路，看台上的同人和学生大声地给我加油和打气。“校长加油！校长加油！”之声不绝于耳。当我第二次跑到看台前的时候，台上的观众不单大声叫喊：“校长，不要停啊！”他们还站起来，大力地给我鼓掌。啊！老天，怎么办？我怎能在这鼓励声中停下来。我开始尝到“一失足成千古恨”的滋味，我发觉自己不能轻易“上岸”，只好硬着头皮跑下去。一圈又一圈地跑下去，我竟然在学生的呐喊鼓励声中完成了我有生以来第一次的三千米赛跑，这是我人生中的一次突破。

同人们和学生们的支持是我完成三千米赛跑的重要因素，而我表现出愿意突破自我的精神也成为学生学习和模仿的榜样。我和学生们都上了宝贵的一课。

个人反省

* 在你的人生中，令你最难忘的一次突破是什么？这次经验带来什么结果？

具体实践

* 找个适当机会与学生分享一次你生命中自我突破的经验。
* 尝试参加一些以前未参加过的校内活动。

你的补充

表达和沟通

解决问题的最好方法就是沟通。而直接地表达，使别人不用猜想，可以减少误会。

教育是一个以生命影响生命的事业，而表达和沟通就是这生命间相互影响的途径。教师们可以借着早会，通过文字或面谈等不同的方法与学生分享其个人的经历，或分享对某些事物的感受，让学生们进入自己生命之中。同时，也可以鼓励学生们回应自己的分享，达到互相交流、教学相长的目的。

还记得那年，在学校的陆运会中跑毕了人生中第一次的三千米长跑，身体虽然疲累，然而心情却异常兴奋。当晚深夜时刻仍无法入睡，内心情绪汹涌澎湃，很希望每一位学生都可以分享我这份兴奋。于是拿起纸笔，将心中感受写为文章，命名为“人生何止三千米”。文章的大意是描述我在这次陆运会中，在同学们欢呼声的鼓励下，完成了人生中第一次的三千米。生命中的这次突破，让我深深地体会到支持和鼓励的重要。我也明白，人生之中又何止这次三千米呢？在我前面有无数个三千米要面对，我期望周围的人仍会给我支持，为我打气。而作为校长的我，也愿意鼓励和支持每一位同学，去面对他们在成长中所遇到的困难。

第二天，我将文章印发给每一位同人及学生，并在早会中跟他们分享我内心的感受。其后，不少同学在休息或午饭时间跟我谈及他们在这次陆运会中的体会，我还收到差不多五十篇来自高低年级同学的回应文章，跟我分享他们的感受。

互相交流确能令生命丰富起来，同时令学生感到被重视和关怀。多表达内心的体会、多提供沟通的机会是教师以生命影响学生生命的途径。

个人反省

* 哪一次与学生沟通的经验令你印象最深刻？你有什么体会？学生的感受又如何？
* 你尝试用哪些方法与学生沟通？哪一种方法最为有效？

具体实践

* 与学生分享两周以来你最关心的一件事情，并请学生回应。
* 告诉学生你对他们的观感，并请他们也说说对自己的观感。

你的补充

勇气

勇气是人类最重要的一种特质，倘若有了勇气，人类其他的特点自然也就具备了。

“知者不惑，仁者不忧，勇者无惧。”勇气是我们面对困境时必须具备的东西。有勇气的人，即使遇到突然改变的环境、超乎个人能力可解决的困难、使人难堪的场面或叫人沮丧的结果，仍然能坚持信念，迎上前去。

还记得当我在大学二年级的暑假期间，我在一所中学当代课教师，当时只是抱着赚点钱的心态，以供未来一年之用。我负责教授中二级英文科，当时我帮助请了产假的老师批改学生的测验卷，发现其中一位学生志明用了一种似是而非的方法回答问题，于是我便在派发测验卷时很用心地讲解这题目的正确答案。

谁知志明听后，竟然拿着测验卷，傲慢地走到我的桌前，质问我他的试卷哪里出错。起初我仍然沉着地跟他解释，及至他大力拍打我的桌面，大声地质问我时，我想我虽然是个代课老师，学生也应该尊重我，于是我也不甘示弱，比他更大力地拍打桌面，比他更大声地斥责他的不是。志明静了下来，但也从此完全静下来，从那天起，在我上的每一堂课，他都伏在桌上睡觉，对我全不理睬。

我感到很没趣，教书真令人无奈，我是求财嘛，又不是求气。事实上，我没有勇气去面对志明，我怕他的冲动，我也怕自己冲动，我更怕再度被他拒绝，我怕承担不了与他再度接触的结果。我当时所缺乏的就是勇气，我选择依章处理他的违规行为，因为这样做，我便可以名正言顺地告诉别人，我只是校规的执行者，一切的不满可推在校规上，而不用触及学生的内心世界。

我们有时批评时下的年轻人缺乏勇气面对自己，也许我们当教师的，除了要有勇气去责骂学生和执行校规外，也得有勇气去关怀和去爱学生。

个人反省

* 若你是志明的代课老师，你会怎样处理这种事呢？
* 你遇过难教的学生吗？你可有勇气面对他们？你曾对他们做过些什么？

具体实践

* 可尝试个别接触难教的学生，通过面谈，多了解他们的家庭背景和在校状况，让你有更多的资料和机会去表达你对他们的关心。
* 与其他同人分享你的困难，寻求帮助。

你的补充

师生关系

良好的师生关系是成功教学不可或缺的基础。

建立良好的师生关系，可以帮助我们解决一些师生间的误会和冲突。在互相信任尊重而和谐的关系中，我们和学生都不用经常以防卫机制（Defense mechanisms）来掩饰真我，比较容易培养正面的自我形象。

我与志明间关系的恶化，一直令我耿耿于怀，我求教一位资深的同人，他想了一会儿后告诉我，除了用关怀和爱心改善师生关系之外，难有别的方法改变这位倔强的学生。他教我对待志明要与其他的同学一样，不能偏私，同时可于课余找他面谈，了解他的家庭背景和学习状况；倘若可能，可以送给他一些我曾用过的参考书籍，鼓励他努力。面对这些建议，我有点犹豫不决，学生对我这般无礼，我还要对他这么好吗？我只是个代课教师而已，教完这数月以后，我可能也不用见志明了，我要这样做吗？

经过一番挣扎后，我终于约了志明下课后见面。起初，他保持一贯倔强傲慢的态度，我再次解释英文测验的题目时，他仍是不理不睬。后来我问及他的家庭生活，他才稍有回应，我看着这孩子，白色的T恤衫蒙上一层黑色，指甲围了一条粗粗的黑边，脸上流露出一种愤世嫉俗的眼神。我察觉自己内心对他的接纳程度增强了，便拿出两本我曾用过的参考书，给他介绍两本书的特色，还签上名字送给他，鼓励他多加努力，便让他回家去。

忽然间，志明的动作变得缓慢起来，他收下书本，慢慢地站起来，走到教员休息室的门口，背着我站在那里好一会儿，我的眼睛一直望着他，他回过头来，慢慢地走回我的桌前，红着眼睛望着我，深深地吸了一口气，对我说："老师，这几天以来，我对你的态度很差，对不起!"我苦候数天，岂不是想听他这句话吗？我的心也被触动了，我伸手轻拍他的肩膀，告诉他："老师原谅你，以后好好努力!"

志明在这事以后改变了，而且我觉得全班的上课气氛也变得积极热闹，也许我也改变了，教育就是这样一个生命影响生命的事业。

个人反省

* 你曾经尝试与学生改善关系吗？那一次的经验怎样？你有什么体会呢？
* 建立良好的师生关系，对改善学生自我形象有什么好处？

具体实践

* 虽然关系的建立和改善是双方面的责任，但是作为成年人的老师们，也许我们要比较主动，与学生接触，以真诚尊重的态度，建立平等互信的师生关系。

你的补充

时间的投资

你爱惜生命吗？

假如你爱惜，那你一定不可浪费时间，

因为时间就是塑造生命的材料。

——富兰克林（Benjamin Franklin）

我们常常听到一些学生家长说：“我真的很关心我的孩子，无奈我要工作嘛！哪有这么多时间陪他们呢？”诚然，我们成年人确实花了很多时间忙于自己的事业，赚取糊口的金钱。可是，孩子们许多时候期望得到我们的关注，获得我们的嘉许，他们的需要不是单凭物质可以满足的，而是要我们花时间与他们生活，聆听他们心中的想法。

我认识一些当班主任的教师，他们在学期初定下目标，在该学年内，最少跟每个班上的同学个别面谈一次。这些接触学生的活动包括在中午与学生一同午膳，或利用休息和下课后的时间，个别约见学生，以了解他们的近况。也有一些喜欢体育活动的同人，利用课余的时间到球场上与学生一起打球，既可舒展筋骨，又可与学生切磋球技，建立友谊。

但教师的工作量实在很重，授课、备课、批改测验习作、处理学生违纪、开会、组织课外活动，以及组织班会、复核各种不同的申请表格等，工作繁琐，使教师感到很吃力。难怪有些教师稍有空余时间便躲在教员休息室内，挂起“免见学生牌”，也有些教师放学便溜之大吉。虽然这也无可厚非，但是教育是一种建立人的事业，要帮助青少年迈向成长、提升自我形象，除了花更多时间和他们接触外，实在没有其他捷径。我们总不能期望不费一分一秒，学生就会变得自信自重、做事有目标、充满生机活力。

让我们投资时间，活在学生之中，与他们一起欢笑，一起叹息。

个人反省

* 在校内，你有哪些时间可以用来跟学生面谈呢？你如何平衡工作和休息呢？

具体实践

* 选择一些自己感兴趣的课外活动并担任导师，既可发展自己的兴趣，又可接触学生。
* 早上上课前或午膳后，可提早一点进入课室，跟学生聊天畅谈。

你的补充

我是个有价值的人

“老师，你是谁?”

“我是个有价值的人。”

“每个人都是有价值的，每个人都有他的优点长处。”这是我对人性坚持的信念，正因为如此，倘若你问我：“老师，你是谁?”我便会毫不犹疑地回答：“我是个有价值的人。”

惠特妮·休斯顿（Whitney Houston）曾唱了一首非常流行的歌曲《最伟大的爱》，其中有数段歌词令我深具同感，“我相信孩童是我们的将来，要好好教育他们，并且让他们领导我们的方向，使他们看到自己内在的美善。给予他们自尊感，让孩子们的笑声提醒我们，我们曾经也是那样……许久以前我已下定决心，不再活在别人的影子里。虽然我可能遭遇失败，或者经历成功，最少我要依据我的信念而生活，别人无论如何都不能夺去我的尊严……最伟大的爱是非常容易获得的，学习爱你自己便是最伟大的爱。”

中国人一向都强调谦虚的美德，因此他们很少懂得自我欣赏，可惜许多人在表达谦虚时，不知不觉间会流于虚假。我很同意填词人对最伟大的爱下的一个注释，一个懂得自爱的人，便在享受最伟大的爱。人的价值并非因为他具有的成功或失败的经验，同样的道理，教师的价值也不是因为他的学生在会考中取了多项优等成绩。只因为我们都是人，拥有人的尊严，当我们能够珍视这尊严的时候，我们便感到有价值，而这尊严是不容许别人夺去的。

当我不断体验“我是个有价值的人”，我也慢慢地学会重视每位学生的尊严，他们都是有价值的，这价值不因他的成绩优劣或操行好坏而失去，让孩子们也深深体会自己的价值吧！这正是他们健康自我形象的重要基础。

“老师，你是谁？”

“我是个有价值的人。”

个人反省

* 你感到自己有价值吗？你认为教师的工作有意义吗？你用什么标准来衡量自己的价值呢？
* 你会用同样的标准来衡量学生的价值吗？面对学习成绩差劣、操行表现欠佳的学生，你有何感受？他们仍然有价值吗？

具体实践

* 多进行自我肯定的自我说话（Self talk），用“我”字开始作一些正面而积极的句子，例如：“我是个有价值的人”、“我的学生很喜欢我”、“我的教学很出色”等等，可以写出来或讲出来，每天花数分钟复述这些句子，让我们学习肯定和欣赏自己。

你的补充

Ⅱ 体态自我形象

益力多

老师，你必须先了解和接纳自己的外表，才能有效地帮助你的学生建立健康的外表和自我形象。

每个人的面貌身材都是天生的，后天的培养虽然会有影响，但是先天的因素却很难改变。要帮助学生建立健康的体态自我形象，老师必须先了解和接纳自己的外表，才能有效地辅助你的学生。

我是个身材矮小的人，身高仅及五英尺，以香港男士的标准来说，我可算是非常矮小的。我从小就察觉自己身高上的限制，从入学第一天开始，我总是排队排头位，在班中坐在第一排，拍团体照片时站在最边上的位置。每年上第一堂体育课都有量度身高体重的活动，我总觉得十分尴尬，很希望自己可以长高一点，因此我从小学开始学习打篮球，期望借此增高，但是当自己申请成人身份证时，仍是那么矮小。幸而从小母亲已察觉我在这方面的限制，她常常鼓励我，告诉我身材矮小不打紧，因为“矮仔多计”。基于母亲的帮助，我渐渐地接受了自己的身高。

当我受聘为一所中学的校长时，我也曾担心我的同事会否因为我身形矮小而怀疑我的办事能力，我的学生会否因此而不接纳我。但我深信，身材高矮与办事能力无关，只要我亲力亲为、处事公正，同事和学生们都会接纳我。

有些中一学生称我为“校长仔”，也有些中五的学生告诉我，他们给我起了一个外号，当时校内有一位身材又高又瘦的同事，学生称他为“维他奶”，而我则称为“益力多”。

倘若我不能接纳自己外表上的限制时，大可以“对校长无礼”的罪名处罚这群给我起外号的学生，但当我接受自己外表上的限制时，便能从“校长仔”和“益力多”这两个名称中欣赏到学生无限的创意。

个人反省

* 你的外表有什么限制？
* 看看这些限制，你有什么感受？
* 有哪些外表上的限制仍在困扰你？

具体实践

* 与你的伴侣或好友谈谈你对自己外表的感受，向他们表达你对外表上的限制的意见，并请他们表示意见。

你的补充

龙兄鼠弟

生命中有一些客观的限制是不能改变的，但生命的潜质仍然是那么澎湃，有待你我不断发挥。

我的儿子今年七岁，就读于小学二年级。有一天，他很认真地对我说："爸爸，我想转校。"我感到很突然，因为他一向喜爱这所学校，尤其是他的班主任是位很关爱学生的教师。在我的追问下，儿子解释是因为他的同学把他的身材作为笑柄，嘲笑他矮小。我听来甚有同感，我也是自幼被同学嘲笑矮小，我很明白儿子今天所感到的不快，他想转校换换新环境是很正常的。

我告诉儿子"益力多"的故事，并且跟他分享自己如何突破身材矮小这一关。身材高矮并非个人可以控制的，但是只要发掘自己的长处而加以发挥，身材矮并不足以妨碍个人的发展，我是个矮小的人，但我仍有自己的成就。他听后似懂非懂地握着我的手，凝视着我，对我说："爸爸，我不转校了。同学笑我是他们做得不对嘛，我干嘛要转校。"我心里为孩子这一结论喝彩。

身材矮小的人在成长中遇上这样的困难是很常见的，但身材高大的又如何呢？他们也有难处。一位小学二年级的学生长得十分高大，甚至比许多三年级的学生还要高。虽然他的学业成绩很好，在全级中名列前十名。可是他是个很自卑的孩子，处处感到自己比不上别人，而且很害怕在别人面前表达自己。究其原因，原来许多老师因为这孩子身材高大，以为他是个留级生，故此对他在学业成绩上的优良表现不以为然。

龙兄鼠弟各有烦恼，身材高的惹人误会留级，身材矮的成为别人的笑柄，我们当教师的，可要小心留意，帮助学生接纳自己的身高，教导他们天生的限制不足以影响一生，反之，欣赏自己的长处，接纳自己不能改变的限制，可以开心愉快地生活。

个人反省

* 你的学生有没有对自己身材或外表感到困扰呢？他们的问题是什么？
* 你怎样帮助他们面对这些困扰？

具体实践

* 让学生表达他们对自己身材外貌的感受。
* 介绍一些具体的方法如适当运动和注意饮食等，期望可以改善学生现时的身体状况。
* 帮助学生发掘自己在身体上、智能上或技巧上的长处，多欣赏自己。

你的补充

选美

爱美是人的天性，但“美”的定义我们却可以仔细斟酌。

电视台每年都举办选美活动，智慧和美貌是这些活动的包装，面对这些选美，有时我也会问：“这就是智慧吗?”“这也算美貌吗?”真为一些“佳丽”感到难堪，站在台上，被人评头品足，同时又要回答一些无厘头的问题，来满足那种喜欢嘲弄别人的心态。看多了这些节目，有时真会对“美”的定义感到模糊。

从事教育工作一段日子后，我发现教师很少跟学生谈外在美。我们很多时候跟学生讨论人的内在美，期望学生在性格上和待人处事上能培养一些美德，如忍耐、勤奋、专心、关怀、温柔、善良、朴素等等。我很同意每个人的内在美确比外在美重要，一个温婉贤淑、斯文大方的少女，即使不是美人胚子，也会使人感到舒服，容易亲近；一个乐于助人、勤奋俭朴的少男，即使没有高大英俊的外表，也会令人神往。

培养学生们重视内在美是一个很正确的方向。但是与此同时，我们也不应该忽略学生对外在美的渴求。青春期的少男少女，大都爱美，他们都很留意自己和别人的外表。其实校内的选美活动，绝不比电视台举办的逊色，“她是本校的校花”、“他是邻校的白马王子”、“他是3A班的刘德华”、“你看，她的眼睛多美，她是中七年级的宫泽里惠”，这些声音，几乎在校内每一角落都可以听到，它们的背后正反映出学生对外在美的定义。

我们当班主任的，也可以在班上举行一个选美大赛，我们可以选“容光焕发大奖”、“衣着整洁大奖”、“精神奕奕大奖”等等，得奖的可以多于一人。而选美的项目，更可以由外在美发展至内在美，例如可以选出本班的“爱心之星”、“勇敢之星”、“谦虚之星”、“智慧之星”、“勤奋之星”等等，让同学们亲自参与选美，并对美的定义重新下一个注释。

个人反省

* 当你遇到一些特别爱美的学生时，你有什么感受？
* 你怎样与学生探讨对外在美的观点和立场？

具体实践

* 请学生以不记名的方式在纸上列出班内他们认为美丽英俊的同学，并写出他们欣赏这些同学的原因。拣选其中一些在同学面前朗读出来，分析学生对“美”所下的注释。
* 与学生分享你对“美”的定义和观点。

你的补充

校服

人在不同的成长阶段中有不同的需要，

这些需要应被重视和关注。

校服是身份的象征，当学生穿起校服时，别人就会意识到他是某某中学的学生。许多学生不大喜欢穿校服，认为校服的款式太“老土”，不能表达和突出他们的品位，故此，不少学生都喜欢在校服上做点手脚，以满足他们不想穿校服的心态。常见的例子很多，例如男同学西裤裤脚的阔窄常常随潮流改变；而女同学往往利用大量双面胶纸，在离开学校的一刹那把裙子弄短；也有不少同学只将校徽用双面胶纸贴在T恤衫上，一离开校门便把它撕去，待第二天上学时再贴回胸前。这些情形常常造成训导老师和同学间的矛盾，也增加了训导老师不少的工作。

既然如此，有人会问：“穿校服到底有什么意义呢？可以取消校服吗?”我个人并不赞成取消校服，因为校服除了可以赋予学生一种归属感，提醒穿校服的学生是学校的成员外，设计得好的校服，有时也可以帮助学生体验自己的成长。

香港大部分中学的校服只有男女性别的差异，不论高低年级的学生，校服的式样都是千篇一律。但是也有小部分学校为高低年级的学生设计不同款式的校服。例如有一所著名的女校，初中学生的校服是T恤衫配以背心裙、蓝色短袜及黑皮鞋；至高中时，学生可穿着半截裙代替背心裙，同时可以穿着丝袜代替蓝袜。在校服的设计上，校方明显考虑到学生成长的因素，当女同学年纪较轻时，穿着背心裙及短袜会显得较为活泼，而年纪渐长时，穿半截裙及丝袜则比较斯文庄重。

我并不是鼓吹每所中学都要为高低年级的学生设计不同款式的校服，况且更改校服也不是一朝一夕的事，而是从上述例子中，我们可以体会到青少年在成长时对自己外表的装扮，确有不同的需求。老师在处理有关校服的违规行为时，应设身处地，体察学生的感受，明白学生的需要，在可能的范围内，给予一定的空间和指导，在执行纪律的同时，以同感的态度，引导学生理解穿着整齐校服的因由。

个人反省

* 一般学生都不甚喜欢穿着校服，看到这种情形，你有何观感？你认为原因在哪里？
* 你认为学生可以不穿校服吗？为什么？

具体实践

* 跟学生明确地解释校服的准则，使知所遵从，若是可行，能分享这些准则背后的理念或对学生的期望。

你的补充

便服日

老师，当我在校内感到多一点的自由，

我同时会感到多一点的被信任和被接纳。

近年来，许多机构和学校都响应公益金的筹款活动，举行“便服日”。在举行的当天，教师和学生都可以穿着便服回校上课，许多学生为了不用穿校服而感到十分高兴。捐上区区十元，就可以不用穿校服，所以学生通常都很踊跃地参加。不过，在便服日的前数天，许多校长和训导主任都会对学生千叮万嘱，告诉他们在便服日可以穿的便服式样，不能穿这些，不能穿那些，只可穿某颜色的外套，男同学要如此这般，女同学要那个那个，总之，便服日变成了穿着另类校服的日子。

在中学时期推广朴素，提倡不要过分装扮，确实有其价值。但是，在大约二百个上学日中，既然定了一天为便服日，我觉得我们大可以容许学生们穿着较醒目的便服，尽量减少一些不必要的规定，让学生们尝试上课穿得美丽一点。

我有一位朋友从事教师培训工作，有一次，他邀请准教师在下次回校时穿漂亮的衣服，准教师们欣然接受。在下次上课时各人都盛装出场，有些男同学穿起笔挺的西装，结上设计新颖的领带；也有些男同学前卫一些，穿上色彩缤纷的T恤牛仔裤；而女同学大多穿着裙子，有套装、也有半截裙，脸上薄施脂粉。总之，各有特色，一时间，班上的气氛热闹不少，好像参加宴会一样。

准教师们互相欣赏称赞后，便彼此分享他们感受，有些表示很开心，因为发觉别人大多对他投以艳羡的眼光；有些表示穿得美丽一点，感到自信心也增强了；也有些表示自己平日习惯穿T恤、运动鞋和牛仔裤，不大习惯穿西装结领带上课，当别人注目时，感到有点尴尬，但是也不失为一次难忘的经历。

校长们，老师们，善用便服日，也许我们也可以带给学生一次深刻的体验。

个人反省

* 想象你仍是一个学生，你喜欢穿校服吗？为什么？
* 回想过去做学生或当教师的日子，你尝试过穿便服回校上课吗？那次感受怎样？

具体实践

* 尽量减少一些不必要的限制，让学生在便服日多一点自由，穿着他们认为最美丽的便服回校上课。

你的补充

出位

发自内心的气质，可以使人具有任何化妆品不能达到的美丽和魅力。

——阿浓《共行人生路》

“出位”是娱乐圈最近常用的名词，形容一些艺人在打扮、服装、外形或行为上表现标新立异，以吸引广大观众、记者或片商的注意，提高知名度，从而带来更多演出的机会。

学生有时也很“出位”。许多学校都为学生定下一套发型的准则，例如不准染发、男同学不可以烫发、女同学发长及肩时必须加以束扎等等，期望使学生朴素起来，不要随意跟风，将新潮的发型带进校园。不过学生们很多时候会挑战这些规则，当某些偶像级人士作“出位”打扮时，例如把头发全染为金色，他们也会效法起来，也把头发染成金色，又例如某天王巨星留起胡子，校园内也多了一些“小胡子”的出现。总而言之，你在余暇时从电视或其他传媒所见到的艺人形象，在校内会一一重现。

另一种“出位”的途径便是“名牌”热潮，我想也没想过，现时有些学生所用的书包，比我的真皮公文包还要昂贵，每每要花上千元才可买到；他们脚上穿的运动鞋比我的真皮皮鞋贵得多，还有他们所用的文具、笔记本，全是日本卡通漫画或迪士尼的出品，都是价值不菲的名牌货式。其他如毛巾、袜子、钱包、笔盒等等，亦多出自“名牌”。

为什么学生会有这些“出位”行为呢？是因他们反抗权威，对学校的校规故意抵触吗？是因他们对心中所崇拜的偶像予以认同而作新潮的打扮吗？是因他们要炫耀自己的经济能力吗？这些都是可能的因素。不过，这些“出位”的行为背后，也可能隐伏了学生对自己体态自我形象的观感。标新立异的发型正反映了学生对自己的外表欠缺自信，要靠这些有型有款的装扮来增加自己外表的吸引力。同理，使用“名牌”货也是另一种引起别人对自己关注的方式。对于这些“出位”的学生，禁止使用名牌和依章处罚都只是消极的方法，教师应要明白学生的心态，以同感的态度引导学生欣赏自己，建立自信，才是治本之法。

个人反省

* 你曾遇见打扮“出位”的学生吗？当时你有什么反应？
* 你认为学生为什么要打扮“出位”呢？

具体实践

* 尝试与这些打扮“出位”的学生面谈，帮助他们探讨对自己外表的观感，借此让学生们体验这些打扮对他们的意义。

你的补充

青春的困惑

父母和教师宜用以事论事的态度和语气，帮助孩子认识身体各部分，同时接纳自己的独特性，包括性方面。

——蔡黎悦心、袁家慧《孩子的疑惑》

步入青春期的少男少女，身体上渐渐会产生变化。身体不断长高，其中以男孩子尤为明显，一季过后，所穿的裤子好像缩了水一般，出现“吊脚”的现象。

男孩子的肌肉开始显现，肩膀变阔，腋下、性器官附近和脸上开始长出毛发和胡子，喉核突出，声音变得较前低沉。女孩子的乳房开始胀大，皮下脂肪聚积，以臀部较多，性器官附近和腋下长出毛发来。这些都是青少年体形上明显的变化。在青春期，女孩子会经历第一次月经，而男孩子也可能有梦遗的现象。

身体的转变有时会造成孩子的困惑，在缺乏性知识的情况下，学生在经历月经或梦遗时可能会感到惊慌，不知所措。故此，许多中学都为初中学生设立卫生讲座。为避免尴尬，举办讲座时，一般都将男女同学分开，邀请专家或由老师分别向男女同学讲解青春期身体上的变化，让同学做好心理准备，从而面对自己身体的成长。

担任这些讲座的讲师并不容易，许多老师有时会有一种先入为主的观点，认为在讨论这些敏感话题时，“坏学生”便会乘机捣蛋，因此在讲解时，有些老师会有过度严肃的面孔，使讲座的气氛紧张起来，即使学生心中有疑难，也不敢随便提问；有些老师见学生在讲座中窃窃私语，便会疾言厉色，冠以“心术不正”的罪名，加以处分；也有些老师面对学生的提问时，自己也感到尴尬起来，不敢正面回答，“待你长大后便会明白了”可能成为了问题的标准答案。这些表现只会增加学生对“性”的好奇，觉得“性”是一件很神秘的事。

其实，青春期的身体变化，你和我都曾经经历过，面对学生这方面的困惑，疾言厉色或避而不答都不合适，态度诚恳自然而开放，与学生坦诚地讨论，才是解惑的良方。

个人反省

* 你曾否向学生讲解青春期的生理卫生呢？你觉得自己胜任吗？为什么？
* 倘若学生在这些讲座中发问一些令你感到尴尬的问题，你会怎样处理呢？

具体实践

* 充分的预备是成功的基础，反思自己如何面对青春期的生理变化，以开放真诚的态度，通过具体的例子与学生分享经验。

你的补充

进化大检阅

每个人的身材样貌是独特的，每个人成长时的改变也是独特的，让我们接纳这份独特性。

身材面貌每每随着年龄的增加而有所改变，这些改变都标志着每个人的成长历程。从婴儿到孩童，从孩童到少年，从少年到青年，每个阶段之中，外表虽有改变，但总是有迹可寻，每个人的相貌都有一些特征，在年月不断增加时，仍然保留其独特性。

让学生体会自己外表的独特性，是帮助他们建立健康的体态自我形象的方法。我们可以在班上举行“猜一猜”的活动，邀请同学们将一些孩童时候所拍的照片带回学校，多少不限，然后将这些照片张贴于壁报上，编上号码，请同学猜一猜照片上到底是哪一位同学。猜中最多的同学可获奖励之外，还可以邀请他跟同学们分享猜中的原因，让有关的同学有机会了解别人怎样看他外表上的特征。

此外，我们还可以设计一些活动，帮助学生留意自己的成长过程。班主任可在班内举办“每周之星”的活动，邀请学生将他们从小到大的生活照片设计成壁报展览，介绍每一个同学的“进化”纪录。同学们可展示他们婴儿时期的照片，说明出生时间和刚出生时的体重，又可以将幼儿园、小学、初中等时期的半身照和其他照片张贴出来，分别介绍不同时期的有趣经历和感受，让其他同学一睹这位同学以前的庐山真面目，并且分享他的趣事和感受。壁报上更可增设一个公开园地，邀请同学们对“每周之星”的主角写上些评价，表达欣赏和鼓励。“每周之星”的主角数目可以因应班内的人数而定，让每一位同学都可以有机会参与。

你可有兴趣给同学们作个榜样，成为第一位“每周之星”的主角呢？这样做既可以起示范的作用，又可以让学生们分享你的成长历程，给你进行一次“进化大检阅”。

个人反省

* 你现在的身材样貌跟过去有什么不同？你喜欢这些变化吗？为什么？

具体实践

* 邀请任教的老师将儿时的照片带回学校，与你的学生进行“猜一猜”的活动。
* 和学生分享你的身材样貌与从前的区别，并告诉他们你的感受。请学生也作同样的分享。

你的补充

自画像的背后

每幅自画像背后都有一个故事，
那是当事人对自己外表的关注。

每个人对自己的容貌身材都有一定的看法，有些人欣赏自己眉清目秀，英俊不凡；有些人欣赏自己拥有圆大有神的眼睛和樱桃小嘴；有些人为自己高大的身材感到自豪；也有人为自己有纤瘦的身材而沾沾自喜。但另一方面，有人因自己脸上长满暗疮而感到烦恼；有人因自己身材瘦小而缺乏自信；也有人因为身材过分肥胖而闷闷不乐。这些正面和负面的感受的出现，往往因我们对自己的外表的观感而引发。

我曾经跟学生进行一项活动，邀请学生在一张白纸上画自己的自画像。有些学生一挥即就，也有些犹豫不决，难以下笔。绘画完毕，我请他们分成三至四人的小组，向同学介绍自己的自画像，并说出这个自画像中的特征，同组的组员也可以对各人的自画像提出问题，请有关的同学回应。同学们都很热烈参与。

透过自画像，学生可以发现自己对外表的印象，而在互相分享和发问时，更可让有关同学发现一些平日不易察觉之处。有一位学生，他在自画像中把自己的耳朵画得很小，在互相介绍自画像时，他并没有察觉到这个特点，在组员的查问之下，他顿有所悟，原来从小母亲就告诉他，他的耳朵特别短小，这是命运不佳的征兆。其实从外观而言，组员们一致表示他的耳朵并不算小，而在自画像中，他的耳朵却小得不成比例。这可能受母亲当年评语的影响。

另一位同学，把自己的眼睛画得特别大，但头发则比较疏落，原来她特别欣赏自己拥有一双大眼睛，但很担心自己头发太少。又有一位同学，把自己画成一头带着睡眼的狮子，原来他觉得自己身材雄伟，但是苦于两眼欠缺神采。

每幅自画像的背后都有一个故事，那是当事人对自己外表的关注。此外，没有两个人的自画像是一模一样的。人就是这么独特，没有两个人的外貌身材是一模一样的，即使是孪生兄弟，外表虽然相似，但总有分别。透过自画像活动，可以令你和你的学生对自己的外表有新的体验。

个人反省

* 你最注意自己身体的哪一部分？为什么？
* 你最欣赏自己身体的哪一部分？你最不满意的又是哪一部分呢？

具体实践

* 给自己画一幅自画像，凝视自画像片刻，看看自己有何独特之处，并体验内心的感受。
* 与学生一同画自画像，并互相分享对自画像的观感。

你的补充

形象顾问

老师，当我表现欠佳时，需要你的提醒和教导。

当我有进步时，请给我肯定和嘉许。

外表英俊不凡或漂亮可人的学生，每每在同侪之中较受欢迎。喜欢与美丽的人交朋友，也许是人之常情，有时连教师也不例外，他们也会将相貌较俊俏的同学安排在前排，以增加讲课时的视觉享受。

外貌俊俏与否不是我们所能控制的，但外表的清洁整齐却是我们可以做到的。清洁整齐的形象，总会带给别人一点好感。

明辉是就读于中学二年级的学生，他的性格颇为活泼好动。有一天下课后，他来找我，说有事要跟我谈谈，我放下案头上的工作，与他攀谈起来。他说在班中感到很孤单，同学们都不大喜欢与他交往，原因是觉得他有口臭，他为此感到十分烦恼。

明辉对被同学批评“口臭”一事感到很委屈，因为他并不察觉自己有这一问题，只感到被同学冤枉。其实，当我与明辉交谈时，也感到他的口气比较浓烈。

经过一段时间的交谈，我渐渐明白明辉的口臭可能基于两个原因，第一是他不大注意口腔卫生，许多时候只是早上起来用水漱漱口便了事；其次，可能是因他迟睡早起和喜爱吃煎炸食物的习惯，导致口气比较浓烈。于是我便跟他一同订下一个改进口腔卫生的计划，以改善形象。

其实，有些初中学生可能自小未能养成良好的个人卫生习惯，而造成外表上的问题，较常见的有：不常梳洗的头发、未清洁妥当的眼睛、满布污渍的校服和浓烈的体味等等。老师有时也要充当形象顾问，教导他们养成良好的个人卫生习惯，重新以一个清洁整齐的形象示人。

个人反省

* 你曾经遇过一些外表不修边幅或不注重个人卫生的学生吗？你怎样帮助他们呢？
* 你的个人卫生情况怎样？哪些是需要改进的呢？

具体实践

* 教导学生养成良好的个人卫生习惯时，须少用批判的语调和责备的态度，要明白学生的感受和需要，在学生有进步时予以肯定和嘉许。
* 请学生分享他在养成良好的个人卫生习惯过程中的体会。

你的补充

一 字眉

失足，你可能马上恢复站立。

失言，也许永难换回。

——富兰克林（Benjamin Franklin）

成年人一两句不经意的说话，往往在孩子心中产生很大的影响，父母对孩子外形特征的一些批评，虽然并无恶意，但是在孩子听来，这些批评可能便形成他对自己外表的一些负面看法，成为他的外表自我形象的一部分。

志坚是个初中学生，学业成绩一般，性格较为孤僻内向。他额前的长头发好像女同学的“刘海儿”一般，甚至有过之而无不及，训导老师常因此而召见他。但他依然故我，发脚是剪短了，但是额前的头发仍然是那么长。他因此被记了数个缺点。

一天放学后，辅导老师约了志坚见面，初时，他表现得很冷淡，总是问一句答一句，其后，当老师问及他的发型时，他显得有点紧张，他表示这是他喜欢的发型，校方实不应该处罚他。在老师的真诚和关心之下，后来志坚便对老师说明原委。

“我的相貌不好，别人会不喜欢我的。”志坚告诉老师。他拨开额前的头发，露出眉毛。

老师细看之下，发现他两眉间的距离比一般人接近了一点，眉心之上还长了些较深色的汗毛，但并不明显，若不是他告诉老师他的眉毛是“一字眉”，老师根本察觉不到。志坚就是因为小时候母亲说他的眉毛不好看，便把前额的头发留长，好遮掩他的“一字眉”，免得别人不喜欢他。

其后，辅导老师约见了志坚的母亲，他的母亲因自己一句话而造成对志坚的影响感到很诧异，她已经忘记了在什么时候跟志坚谈及一字眉的问题。

言者无心，听者有意，我们做老师的也当慎言。

个人反省

* 你有没有对学生的外表作了不当的评价？这次的过程怎样？你有什么体会？
* 文中志坚的经历对你有什么启发？

具体实践

* 言辞谨慎，避免以学生的外形特征来作为开玩笑的话题。
* 辅导服务要与奖惩互相配合，要明白每个违规行为背后的原因，才能更有效地帮助学生踏上成长之路。

你的补充

小白兔与菠萝饱

以快一时之论，而不知其祸之至于此也。

——苏东坡《荀卿论》

俗语有云："崩口人忌崩口碗。"（意指忌用有缺口的碗招待兔唇者吃饭。）同学间的争执，有时由取笑对方引起。尤其是以对方外表的缺陷作笑柄，往往成为互相吵骂的导火线。

婉君是个中二的学生，她有一个外号叫"小白兔"。本来小白兔是一种温驯善良的小动物，这个可爱的名字应该令婉君十分高兴。结果恰恰相反，婉君非常痛恨这个外号，每当同学以"小白兔"称呼她时，她总会怒目相对，反唇相讥，有时甚至会气得哭起来。原来婉君天生有兔唇，同学只是用"小白兔"这个外号来取笑她而已。

子明是一位中一的学生，他的外号是菠萝饱。一提起菠萝饱，可能你会猜想子明一定是个小胖子，怪可爱的，事实可不是这样，子明的身材适中，只是脸上因油脂分泌过盛，长满了密密麻麻的暗疮，没有一处光滑的皮肤，有如菠萝饱的表面一般，所以同学们给他起的外号叫菠萝饱。

取外号这件事情，在学生相处中甚为普遍，而且多以取笑别人、作弄别人为出发点，例如长面的叫“小马”，戴眼镜的叫“四眼仔”或“四眼妹”，身材矮小的叫“矮瓜”或“侏儒仔”，还有很多更难听和令人感到难堪的外号。除非当事的同学对自己的外形有充分的接纳，并且有相当的自信，否则，这些外号可能具有很大的杀伤力，它会强化同学对自己外表的不满，使他感到尴尬和难受。

老师也应当小心，有时我们非但未能帮助这些被取外号的受害者，我们甚至会不自觉地以外号来称呼那些学生，而当受害的同学反应较激烈甚至被气得哭起来时，我们有时不明所以，还会扣以“小气”的帽子，令该同学受更大的冤屈。

取外号是很难被禁止的，既然如此，我们大可鼓励学生们以同学外表的优点来取外号，例如用“小仙女”来形容那些活泼可爱的女同学；用“超人”来称呼那些体格强健的同学；用“小跳豆”来描述那些外表矮小但充满活力的同学。

个人反省

* 你年轻的时候，同学给你取过什么外号呢？你喜欢这些外号吗？
* 你遇见过学生因为取外号而引发争执吗？那次的情况是怎样的呢？

具体实践

* 鼓励学生以同学的优点来作为取外号的准则，以欣赏别人的态度来取外号。

你的补充

药煲

在与病魔的斗争史上，我是位“常败将军”……

然而，我斗志弥坚，越战越勇，全靠这股“屡败屡战”的精神啊！

——杏林子《生之歌》

一个拥有健康的体态自我形象的人，除了对自己的外形、相貌和身材有充分的认识和接纳之外，对自己的健康状况，亦会了如指掌，知道自己身体的限制，也接纳这些限制，从而作出适当的安排，疲倦时让自己休息，患病时接受药物调理和医生的诊治，闲暇时又会参与适当的体育活动，锻炼身体。

我一向是个很健康的人，作息有序，起居习惯很有条理，并且酷爱体育运动，常约三数知己，以球会友，羽毛球、篮球、网球、壁球或足球等，都是我喜爱的活动。因此，在我的观念里，我个子虽矮小，但是十分健康。

我每年都有献血的习惯，在两年前的一次献血活动中，竟然发现我血压高。回想当年的情境，我很怀疑这个结果，但是再三量度后，血压计上的读数仍然显示我的血压不寻常地高，护士小姐更劝告我要进行全身检查，及早治理并控制血压，否则后果堪虞。

你能够想象一个一向自命健康的人，一下子要接受自己患上高血压的心情吗？尤其是当医生告诉我要长期吃药，以控制血压时，我的心情坏透了。

“我真的要长期吃药吗？这是没有可能的，我一向身体那么好，怎么可能有这种事？”我不断地问自己。经过一段时间的内心挣扎，我得接纳我的身体今非昔比，我必须每天早上吃一颗降压药来降低我的血压，而这种药通常不能停止服用的。这个经验令我想起那些长期患病的学生们，有些患了哮喘，严重的患了心脏病，他们从小就与病魔结下不解之缘，他们真的需要别人了解他们的心情和感受，支持他们为生命继续奋斗。

其实，除了患病的学生需要我们的体谅外，我们也需要照顾那些身体孱弱的学生，帮助他们明白自己的健康状况，并学习接纳自己身体上的限制。

个人反省

* 你有没有认识长期患病的学生呢？他们患了什么病？你怎样帮助他们面对疾病呢？你有没有认识一些学生，因为身体孱弱而被同学取笑呢？你如何帮助他们呢？

具体实践

* 遇有长期患病的学生，要与学生和家长面谈，让他们说出内心的感受，并清楚表达病情和必要时的处理方法。
* 让其他老师，尤其是体育老师知道该生的患病情况。
* 帮助该生有勇气让其他同学知道他的情况，并教导其他同学接纳患病的人。

你的补充

爱惜身体

有健康的人，便有希望；

有希望的人，便有了一切。

近年来，学生自杀个案增加是香港教育界非常关注的问题。其实，学生的自毁行为除了自杀之外，其他的如服用兴奋剂和迷幻药、闻天拿水等行为同样对身体造成严重的伤害。

具有健康的体态自我形象的人会懂得怎样爱惜身体，让身体获得适当的锻炼和调理，使自己体魄强健，精力充沛，即使身材矮小瘦削，也能满怀自信。

教师要培养学生对“健康”的渴求和增强其对“健康”的意识，首先可与他们讨论饮食习惯。青少年正处在发育时期，饮食对健康尤其重要，均衡的膳食是促进健康的重要因素。我们要特别注意那些体型过胖或过瘦的学生，他们很多时候会有一些不良的饮食习惯，例如吃得过量或太少、偏爱肉类和淀粉质丰富的食物、吃过量的糖果汽水等零食等。倘若他们受身材困扰而有减肥或增肥等行为时，更需我们多加照顾。食物方面，现时市面流行的快餐式食物，在营养上可能含热量过高，不宜多吃。我们要鼓励学生多吃水果蔬菜，及适量的肉类和蛋白质。

其次是适量的运动。我儿子的身材十分矮小瘦削，但当他去年暑假参加了游泳班后，便经常穿起泳裤，在家中的镜子前欣赏自己不断发展的肌肉。本年度他更参加了校方举行的国术班，并经常练习，他虽然是班中最矮小瘦削的学生，但他对自己的健康却十分有信心。适量的运动是锻炼身体的良方。

再者，充分的休息和睡眠也是重要的健康之道。香港是个物质十分丰富的都市，不少学生在晚上看电视至深夜，形成迟睡早起的坏习惯，以致日间精神不足。长期如此，对健康会有不良影响。

跟学生谈健康之道好像是老生常谈，然而在培养学生健康的意识、鼓励他们爱惜身体上，却十分重要。

个人反省

* 你遇到过有自毁行为的学生吗？面对这些学生，你有什么感受？你怎样帮助他们呢？
* 你爱惜自己的身体吗？在均衡饮食、适量运动和充分休息这几方面，你的状况如何？

具体实践

* 请一些身体健康的同学分享他们的健康之道。
* 与学生分享你在饮食、运动和休息方面的心得，谈谈你感到满意和不足的地方，并讨论改进的方法。

你的补充

Ⅲ 学术自我形象

我也不是状元

老师，请您记着，不久之前您也是学生，您是否有时也会忘记带东西？在班上您是否样样第一？

——林双不《学生心声》

每年中学会考放榜时，各大报章总是争相报道谁是应届的十优状元，然后介绍这群状元学习的经验和放榜后的感受。传媒报道的焦点多集中于状元们的读书方法及其对前途的计划和憧憬，这群学业精英瞬间成为全港最引人注目的人群。

追求卓越乃人之常情，而吹捧抬举优秀分子也是社会上常见的现象。我个人并不反对赞扬表现好的人；相反，我十分赞成对表现好的学生加以表扬和肯定。只是在“什么是好？”这个问题上我却有一点意见。

从社会大众的标准来说，中学会考最好的表现就是考获十优。某年会考放榜，早上新界区有一所名校接获报馆记者的电话，第一句话就询问该校在是年会考中最好的成绩是怎样，当校方表达最佳成绩的学生考获八科优异时，这位记者便无情地挂上电话，继续追寻应届的十优状元去。难道除了十优状元外，其余十余万的考生便无一值得表扬和报道吗？难道考获九优八优的学生都要成为会考中的失败者？

其实，学习能力各有不同，有人能力较强，成绩优异；有人能力较次，成绩平庸；也有人能力不济，成绩差劣。那么，怎样才算是表现好呢？我认为因应学能程度，努力争取达到应得的成绩，就是有好表现，应当受到表扬和肯定。对一些学习能力低的学生来说，完成中三课程已经十分难得，而能够争取完成中五，参加会考，即使成绩不理想，也是一种成就。

回想当年，我和你都不是状元，让我们重新对“好表现”下一注脚，欣赏学生的努力，为他们定下适当的目标，而不要简单地用社会大众的尺度来制造大量的“失败者”。

个人反省

* 你在求学的过程中有困难吗？你怎样突破这些困难？
* 你要求学生在学业成绩上有什么表现？怎样的学生才会被你称赞？
* 你怎样帮助学生面对学习的困难？

具体实践

* 与学生分享自己在学习上遇过的困难和应对的方法。
* 鼓励学生因应自己的学习能力，为自己定下目标，作为努力奋斗的方向。

你的补充

零鸡蛋

孩子，我也曾失败过，我也得过“零鸡蛋”。

但在体谅、鼓励和支持下，我寻回了自信自尊。

我在小学三年级的一次中文默写测试中，因懒惰而没有温习，当然，这次默写获得了应得的成绩“零鸡蛋”。

老师发回默书簿后，我战战兢兢地打开一看，结果不出所料。老师跟着坐下来，打开积分簿，然后请所有同学依次站起来，大声读出自己的分数，好让他记录分数。啊！天呀！“零鸡蛋”这样难堪的分数，竟要在同学面前读出来，怎么办？

同学们一个一个地站起来，读出他们的成绩，一百分、九十三分、八十七分……我好像是刑场的犯人，等候着行刑似的，心里很难受，也很后悔。终于到我了，我站了起来，说什么也没法读出分数，后来，不知从哪里来的一股勇气，我从座位走到老师桌边，手中拿着默书簿，低声对他说：“零鸡蛋。”老师抬起头来，眼中露出诧异的神色，然后低声对我说：“下次要努力一点了。”他没有苛责，也没有嘲讽，只提醒我要努力一些，我心中如释重负，走回座位坐下，抬头望了老师一眼，只见他对我微笑和点头。

其实，我和今天的学生没有很大的分别，我也曾经懒惰，我也曾经得过“零鸡蛋”，而其间更经历了等待行刑的犯人的心情，但最宝贵的，是我得到了老师的体谅和鼓励。这体谅和鼓励成为我日后不敢轻言懒惰的动力，并且我知道老师对我仍有期望，他相信我在下次默写时会努力。

从这次“零鸡蛋”事件，我明白到体谅、鼓励和支持是帮助学生告别“零鸡蛋”的好方法。

个人反省

* 你有没有因为懒惰而在学业上表现欠佳？那次的经验怎样？
* 当时教师的反应怎样？你有什么感受？
* 你期望老师怎样处理你是次学业欠佳的表现？

具体实践

* 与学生面谈，分享你对他/她学业表现欠佳的感受。
* 让学生阐述他/她是次表现欠佳的因由。
* 与学生共同检讨问题所在，定下未来的目标，鼓励学生积极面对。

你的补充

起步点

接纳他们是个怎样的人，并以那里作起点。

（Accept who they are and start from where they are.）

自一九七八年香港政府实施九年免费教育以来，不少教育界同人常常感叹一代不如一代。这是一个实施强迫教育必然的结果，许多从前没有机会读书、没有能力读书和不想读书的青少年，今天都被迫走进学校，接受教育。

我遇过不少中一学生，他们连二十六个英文字母都分不清楚，b 和 d 经常混淆，v 和 u 交换使用。至于数学方面，不少人仍未学会四则运算，不会背诵乘数表。总之，不少中一学生仍未能充分掌握基本的运算方法，这就是许多学校每年收录的中一学生。

面对这一群学能有所不逮的学生，教师可以做些什么呢？他们的学术自我形象低落，在学习上常遇挫败，对自己没有什么要求。在过去的岁月里，他们在学习上除了失败之外，还有什么感受呢？每个测验、每次考试，甚至每份家庭作业带来的只有挫败感、老师的责备和父母的埋怨。学业上经常的挫败甚至使他们变得麻木，失去斗志和学习动力，认为自己什么都学不会。

许多时候我们着眼于教学的课程要求，中一的学生要学习这些东西，中二的要教那些内容。倘若我们期望一个小二或小三的学生学习中学的课程，而又能取得及格的成绩，我们的期望必然落空，学生也没有可能成功，因为我们忽略了他们的起步点。“接纳他们是个怎样的人，并以那里作起点”（Accept who they are and start from where they are.）是我在教学上的座右铭。假若学生只有小学二年级的程度，那么，就从小学二年级的内容开始，让他先做好加减，再学习乘除，至于艰深的解方程式的方法，待迟一点才学吧！多年来学不到的东西，可能因此而慢慢学会。

个人反省

* 你曾经教过学能较差的学生吗？你当时的感受如何？
* 你接纳自己用一些浅显而基本的课程，代替高年级的课程，来教学能较差的学生吗？你估计会遇到什么困难？

具体实践

* 多与学生交谈，了解他们学习的难处。
* 以班内大部分学生的学能水准作准则订定课程，但对学能特别差或特别好的同学提供额外的作业。

你的补充

进步奖

是否名列前茅不是最重要的，重要的是自己曾经努力用功；名次并不重要，我们常欣赏自己的进步。

传统的科举考试，是统治阶层从平民百姓中选出优秀的人士出任官员的方法。而现今的中学会考，甚至校内的考试，都带有这种选择优异、汰弱留强的意味。在选贤与能的制度下，每个人必须与别人比较，能力高表现优的被嘉许，而能力差表现劣的则被贬逐。互相比较的结果，虽然会造就一群优秀分子，使他们成为胜利者，但是也会制造一群学能较差、比不上别人的失败者。

在人人有书读的大前提下，教师和父母必须作出调整，若仍然采用互相比较的原则，考试制度只会不断地制造失败者。我的儿子去年读小学一年级，上学期考获全班第四名，而下学期则考获全班第五名，儿子取得成绩表，获知考试的结果，感到很不开心，他告诉我他退步了，因为上学期考第四，而下学期考第五。

我细看儿子的成绩表，发觉他每次测验和考试均较前进步，下学期各科的成绩都较上学期为佳，哪有退步呢？名次本身就是一种人与人比较的结果，我的分数比你低就代表你是强者，而我是弱者，倘若我的学习能力追不上你，而我又永远跟你比较，那么，我一定是失败的一方。

于是我对儿子表示，他不但没有退步，而且进步了很多，名次的落后只表示别的同学进步更快而已，这实在是个可喜的现象，因为大家都很努力地读书。倘若别人的进步更大，我们就当学习欣赏他的成就。我的儿子渐渐明白求学的一个道理，是否名列前茅不是最重要，重要的是自己曾经努力用功；名次并不重要，我们当欣赏自己的进步。

“进步奖”是一个十分有意义的奖项，奖励在学习上有进步的学生，任何一个学生都有机会取得“进步奖”。“进步奖”也标志着另一种比较的原则，就是与自己比较，假若我的数学科成绩一向只得30分，而这次却取得35分，就表示我进步了。让学术自我形象低的同学重燃希望，他们不用与别人争第一，而是和自己比较，争取进步。

个人反省

* 你有没有尝过被别人比下来的滋味呢？那次的经验怎样？你有没有因为自己的进步而获得他人的肯定或赞赏呢？你的感受怎样？

具体实践

* 提议由校方设立进步奖，奖励有进步的学生，细则可根据各校不同的情况而制订。
* 在你任教的科目内自行设立进步奖，鼓励学生以自己的表现作标准，争取奖项。

你的补充

交齐功课奖

要孩子内化“我是一个有价值的人”这种感觉，便需要有两种动力，一要他成功完成一些指标……二要有孩子尊敬的人如父母师长指出他哪件事做得好。

——赵荣德《不一样的家长》

去年我参加一所中学的毕业典礼，在颁奖时发现了“交齐功课奖”这样一个项目，分别由各级代表上台代领奖品。刚开始觉得这是个很特别很新鲜的奖项，交齐功课不是每个学生的责任吗？为何要奖励呢？不过，想深一层，发觉这奖项背后隐含了深远的教育意义。

罚留堂、记缺点、见家长等是教师用来对付学生欠交功课的常用法门。甚至有些教师处罚学生做双倍的功课；当被罚学生不能依时缴交，则再加倍惩罚，于是学生一旦欠交功课，便好像借了高利贷，利息生利息，难以还清。更有甚者，有学校在校内张贴通告，通知多次欠交功课的学生，到训导处领取家长通知书；若学生欠交功课超过五十次，则在早会时被罚上台“示众”，以收警示作用。

单用惩罚的方法来教导学生，借此改变学生欠交功课的行为，并不是最有效的方法，教育研究显示惩罚本身带有负面作用，有时使受罚者学会了“暴力”的行为。例如当学生打架时，我们就打他的手掌来处罚他，这种以暴易暴的方法，失却了教育的正面意义。再者，纯粹运用惩罚的方法来迫使学生交齐功课，是否有效呢？每当惩罚消失时，效果亦随之而去。故此，运用惩罚的方法，有时会收效很快，但不会持久。同时，学生可能为怕受罚而勉强用尽方法完成作业，结果功课可以缴交，但对老师却产生一种怨愤的心态，形成师生之间的对立，那就更加得不偿失了。

相反，奖励是一种较为积极的引发学生主动学习的方法，在被欣赏、鼓励和支持下，学生的学习生活变得更加愉快。“交齐功课奖”具有十分积极的意义，它为学生立下努力的目标，鼓励他们“交齐功课”，奖励和赞赏是让学生体验学习乐趣的重要基础。

个人反省

* 学生不交齐功课时，你会怎样处理呢？那些方法收效吗？
* 你尝试以奖励的方法鼓励学生做功课吗？那次的经验如何？

具体实践

* 对学习能力低的学生可安排较浅的习作，使他们仍有机会获得“交齐功课奖”。

你的补充

英雄榜

鼓励和奖赏始终是学习的最大动力。

还记得初中的时候，班主任把我们全班同学的名字写在纸上，每个名字的旁边配以美丽的图案，色彩缤纷，这就是我最初接触的“英雄榜”。

只要同学在中英文默写中取得一百分，或在任何测验中获得优异的成绩，他就可以获得亮闪闪的星星一颗，贴在英雄榜上，学期终结前来一次结算，看看谁是大英雄，这个人便可获得老师赠送的精美奖品。每次当我有机会取得星星时，心中总是异常喜悦，每颗星星都代表了我的一份成就，表示我在学业上取得了优异表现。在学期终结的时候，若能得到老师的奖品，当然就更加开心了。这个张贴在壁报上的“英雄榜”，陪伴我度过了整个初中阶段。

“英雄榜”的设立是表扬班中成绩卓越的同学，有机会在榜上贴上星星的，都是在默写及测验中名列前茅的同学，很多成绩一般的学生都无此机会。不过，鼓励和奖赏始终是学习的最大动力，在支持和鼓励下，学生的心境倍感舒畅，学习也有动力。

在今天，“英雄榜”这类东西若要发挥更大的效用，获得星星的准则必须加以修订。试看梁山泊一百零八位英雄各有长处，“英雄榜”上的英雄也不一定只是成绩卓越、默写满分的、成绩进步的学生，只要用心做作业、交齐功课、积极回答问题、上课态度认真等，这些学生亦应该榜上有星，被肯定和受到欣赏。

个人反省

* 在你的成长历程中，老师曾否用“英雄榜”来鼓励你努力学习呢？你当时心中有什么感受？
* 你觉得“英雄榜”的方法是否成功？原因在哪里？

具体实践

* 在班内设立“英雄榜”，订定上榜准则，让每个学生都有机会榜上有星。与学生共同商量这些准则，并讨论和解释这些准则背后的意义。

你的补充

被忽略的术科

德、智、体、群、美五育为全人教育的基础，

五者缺一不可。

体育、美劳、音乐、家政和设计与工艺在许多学校中被学生视为“闲科”，其重要性不能与中英数等学术科目相比。故此，不少教师在教授这些术科时倍感困难，因为学生并不重视，上课的纪律秩序亦会较差。

学生为什么会这样呢？究其原因，大多与学校和老师的态度有关。不少学校的政策有意无意地贬低了这些术科的地位，例如在颁授学业成绩奖项时，我们每每看见全级考获中文、英文、数学、生物、历史等学科第一名的学生备受表扬，上台领取奖状，我们甚少看见全级体育第一名、音乐第一名的学生得到奖励。学校的政策如此，老师的态度也相类似，我们甚少鼓励有音乐天分的学生多花时间练习乐器，或鼓励有篮球天分的学生多练习球技，我们许多时候只会劝导那些具有术科天分的学生多花时间温习那些他们不感兴趣、但却是我们认为更重要的学科。

我深信老师这样规劝学生是出于善意的，但在九年免费教育中，倘若传统的教育方式仍然一成不变，我们难免在执行教育这个神圣的任务时，不断地制造出一群毫无学习动机、自信心薄弱、学术自我形象甚低的学生。

我曾经教过一位中一的学生，他的数学仅达到小学二年级的程度，乘数表也背不来，但是他却甚有美术天赋。我一方面要求他在课余背诵乘数表，数学上则多做四则运算，好让他学好二年级的数学基础；另一方面，我鼓励他多参与美术的创作活动，例如壁报设计、美术比赛等，以体验自己在美术方面的能力。虽然在一般学科上，他表现平平、差强人意，但因为在美术中经常获取奖项，他始终没有放弃学习。

优异的术科成绩也应该被视为学习上的一种成就，你同意吗？

个人反省

* 你对音乐、体育、美术等科目有什么观感？学生修读这些科目有什么重要性？
* 若学生在一般学科的表现差劣，但在术科表现优异，你对他有何观感？

具体实践

* 设立术科奖项，鼓励在术科中表现优异的同学。
* 多提供机会让术科表现优异的同学可以与别人分享他的成就，例如举办音乐会、美术作品展览或球类比赛等。

你的补充

大笨象与小绳子

成功的经验在学习上十分重要，它鼓励学习的人不断进取，持续地接受挑战，并且享受学习带来的快乐。

曾经听过这样的一个故事：有一个小孩子跟随父亲到动物园游玩，看见一头身型庞大的大象，被一根小绳子拴在柱旁，大象毫不挣扎，很安详地站着，动也不动。小孩子感到很奇怪，便问父亲说：“爸爸，这根绳子这么小，为什么可以拴住这头大象？它只要把头一转，不就可摆脱这根绳子的束缚吗？”

父亲不知怎样回答，这时管理员刚好走过来，便向他们解释。原来这头大象从小就住在动物园中，最初被这样的一根小绳子拴着，它曾经挣扎多次，但是因为太小，所以没法挣脱。当它长大后，虽然体型非常庞大，但是已不再挣扎了，乖乖地让小绳子拴着。

其实，我们许多学生都像这头大象一样，在学习的过程中屡次经历挫败，这些失败的经验令他们对自己的学习能力失去信心，有些学生在数学方面经历挫败，便觉得自己没有数学天分，索性对数学采取完全放弃的态度；有些学生认为自己的英语能力低劣，于是在上英文课时便伏在桌上睡觉；尤有甚者，有些学生在某一科有失败的经验，就完全失去斗志，认为自己不是读书的材料。完全放弃所有的学习机会，正如大象年幼时因力弱不能挣脱小绳子的束缚，长大了也放弃挣扎的尝试。这就是过去失败经验所带来一种“我不能”的自我认识。

因此，“成功的经验”在学习上十分重要，它鼓励学习的人不断进取，持续地接受挑战，并且享受学习带来的快感。要令学生在学习上有成功的经验，课程的改革和设计必须与学生的学能配合，太浅易和太艰深的教学内容都不相宜，太浅易的令人感到无挑战性，而太艰深的则带来挫败感。

每天为学生创造一些学习上成功的经验，会使学生增强自信，提高学习的兴趣，不再是一头失去斗志、被一条小绳子束缚着而不思进取的大笨象。

个人反省

* 你对“大笨象与小绳子”的故事有什么体会？对你的教学工作有什么启发？
* 面对一些不再求进步的学生，你如何帮助他们？

具体实践

* 每天为学生创造一些成功的经验，例如安排适合程度的习作或测验，请学生发表他的意见。对学生的好表现给予肯定和赞赏等。

你的补充

没有失败的考试

如果考试不再是指控学生学习能力不足的工具，学生何须惧怕考试？

当我读大学二年级时，修读了变态心理学（Abnormal Psychology）。期中考试过后，导师发回试卷，我自问花了相当的时间温习，但这次考试的成绩并不理想，导师邀请了对考试成绩感到不满意的学生找他谈谈，帮助我们改善。

于是我便约了这位导师，跟他探讨这次考试失败的原因。他认真地和我分析答题的技巧及概念上的问题，让我更明白学科的内容，看到自己在答题时表达不够清楚的弱点。经过这次试后分析和面谈，我重拾了修读该科的信心，并且对自己的学习能力有了更深入的了解。表面上，这次考试成绩并不理想，但是我竟然因此学到更多的东西。

现今的学生每年要面对的测验和考试数不胜数，有许多已经对考试的结果感到麻木。而考试测验的作用只停留在甄别学能的差异，成绩及格者可升读较高班级，不及格者要试升，或被安排留班。除了这种甄别的功能以外，测验考试似乎失却了教育的功能，每次发成绩表时，学能较差的学生，只见其成绩表上有许多红色的痕迹，代表他不及格，表示他仍是个“失败”的人。

倘若老师能够与“失败”的学生一同检讨得失，分析考试不及格的原因，重订温习的策略，对未能掌握的课题补充教授，详加讲解，并设计适合学生程度的试卷，让学生再考试，那么，这次“失败”可能会成为将来成功的基础。失败乃成功之母，反省、检讨及个别面谈，才能令考试不再成为只制造失败者的工具，而成为吸取知识的途径。

如果考试不再是指控学生学习能力不足的工具，学生何须惧怕考试？但是同人们，你可愿意付出额外的时间，跟学生检讨考试的得失呢？

个人反省

* 你尝试过考试“失败”吗？滋味如何？可曾从失败中取得教训？
* 在你的学生中，有没有常常测验不及格的人？你怎样帮助他们呢？

具体实践

* 设计与学生学习能力相符的试卷。
* 与不及格的学生一同检讨考试或测试中的得失，分析其不及格的原因，并且拟订新的读书策略。

你的补充

知识生活化

知识是个宝库，但实践是打开此宝库的钥匙。

——托马斯·福勒（Thomas Fuller）

还记得当我接受师资训练的第一课时，导师鼓励我们一群生物教师，教授生物课时除了要传授知识，还要教导学生欣赏大自然，在不断求知当中了解人类在宇宙中的角色和责任，实践互相尊重的精神。

听了这番话，我感到不是滋味，心想："你当大学讲师，当然可以坐在象牙塔内说风凉话，我们这群前线工作者，教导低年级学生时，要面对的纪律问题数不胜数，教导高年级学生时又要追赶那教不完的课程，哪有余力完成这伟大的生物教育使命？"

于是我便不甚客气地向导师提出问题："老师，现今的课程紧迫是众所周知的事实，我也知道教师不单要教书，也要教人，但是这理想似乎遥不可及，课程实在太紧迫了，要教完它已经不是易事，哪有时间做其他的活动呢？"

导师不慌不忙但很肯定地回答我："这是可以做到的。"接着他便向我们示范如何教授"食物"这一课题，在大概两个中学教节的时间内，他介绍了"食物"这一课题的重要概念，然后用幻灯片介绍一些生活在贫穷和饥荒中的饥民，再鼓励我们珍惜食物，并关心那些活在死亡边缘的饥民。这方法一点也不复杂，各同学都聚精会神地听课，我们被幻灯片中的人物所吸引，使我们除了思考“食物”各个不同的概念外，也体会人类在大自然中的责任和互助的精神。

“食物”这一课题是我们所熟悉的，但在导师有趣的演绎下，我们非常投入“上课”，而且深受感动。我感到不但能吸收生物科的知识，更体会到这知识和我的生活的关系，我也希望自己可以多关心这群有需要的饥民。

知识若能生活化，让学生体验知识在生活上的实践，哪怕这一课题是多么的艰深，相信不少学生都会尝试寻找答案，追求真相，并身体力行，在生活中实践中学到知识，学术自我形象亦因而提高。

个人反省

* 你所任教的科目内容与日常生活有什么关系？
* 今天中学的学科日趋多元化，数目不断增加，你所任教的科目会否因此被淘汰？为什么呢？

具体实践

* 多用生活化的例子来解释抽象的学科观念。
* 设计教学活动，让学生将知识应用于生活之中。

你的补充

教学趣味化

兴趣是学习的灵魂，兴趣可引发学生主动学习。

学习的过程有趣吗？若你细心看看今天中学各科的课程，不难发现不论在课程或课本的编写上，近年都加入了许多趣味性较高的课题或教学活动，增加学生学习的动机。不过，假如你是一位资深的教师，你愿意将手上的笔记稍作更改，加上这些趣味较浓厚的教学活动吗？

兴趣是学习的灵魂，如果学生对某科的兴趣浓厚，即使教师上课时未能将艰难抽象的内容解释透彻，学生也会主动提问，并在课后自行参阅课本或课外书籍，寻找答案。

在《生命因你而动听》这部电影中，描写了音乐家贺伦先生从事教育工作的经历。他在一所中学担任音乐老师，从执教的第一天起，他感到学生十分难教，上课没有反应，对古典音乐一窍不通，十问九不理睬，说什么也提不起他们的兴趣。直到有一天，他发现学生根本不爱听古典音乐，只爱听流行的摇滚音乐，贺伦先生便改变教学的内容，从摇滚音乐入手，引导学生认识摇滚音乐，进而学习欣赏古典音乐。

忽然间，严肃的上课气氛变得轻松了，摇滚音乐增强了学生对音乐课的兴趣，学生因此对古典音乐也减少了抗拒，于是愿意提问和主动参与讨论的同学越来越多，原来沉闷的教学过程变得活泼生动。

你是否曾为沉闷的教学感到烦恼吗？动动脑筋吧！看看有什么学生感兴趣的事情与你所教的科目有关，应用这些事件提高学生学习的兴趣。例如：有一位中文教师在教导古诗十九首时，将古诗的内容和流行歌曲的内容作一比较，看看两者描述爱情的不同方式；有一位教经济科的老师教导“通货膨胀”的概念时，用许冠杰的《加价热潮》一曲作为开场白；又有某校学生于课余可以到电脑室玩电脑游戏，从游戏中学习数学和英文。

如果学生对学习感兴趣的话，对课程内容会较易掌握，也愿意花多一点时间学习，其学术自我形象亦会相应增强。

个人反省

* 你有没有遇到教学精彩的老师呢？他的教学有何特点？这些经验对你今天的教学工作有什么启示？

具体实践

* 用开放的态度与学生交谈，请他们对你的教学方法作出评价和建议。
* 与同事互相观课，互相学习对方教学精彩的地方。

你的补充

称赞

称赞是表达欣赏的方法之一，能够令学生更深切地明白自己的优异表现及肯定自己的进步。

中国人的性格比较含蓄，不大喜欢称赞别人，部分传统的教师更认为不要称赞学生，免得把他们赞坏了。因此，每当学生表现有进步时，教师总认为这是理所当然的事。但是，有谁不喜欢听别人称赞自己呢？称赞是表达欣赏的方法之一，能够令学生更深切地明白自己的优异表现及肯定自己的进步。

在电影《生命因你而动听》中，有一位学习能力较差的学生路易·华斯，体育老师要求贺伦先生教他音乐，让他参与银乐队，好让他拿够学分毕业。不过，路易完全不懂音乐，更遑论学习乐器了。于是贺伦先生给他选了一件较易掌握的乐器——鼓，以为可以令他容易掌握，可是路易学来学去总跟不上拍子，整个乐队的练习每每因他打乱了拍子而被迫停下来。贺伦很有耐性，千方百计地帮助他。在一次乐队练习时，贺伦先生忽然大声地喊叫，让队员停止练习，路易以为又是自己打乱了节奏，感到十分沮丧，贺伦先生却对他说：

“路易，你打准拍子了。”整个乐队因此而为他欢呼。

曾几何时，当学生进步缓慢，表现不逮时，老师会感到懊恼，甚至会有很强的挫败感，不过，当学生表现有所进步时，合宜的称赞却有很大的魔力。路易因贺伦先生的称赞渐渐建立信心，当乐队演出时，他很自信地打准每一个节拍。

老师，请你不要吝啬对学生的称赞，当学生表现合宜的时候，称赞可令他学会欣赏自己的成就，称赞可使他知道自己的努力没有白费，称赞也可使他坚持下去，增强信心。

个人反省

* 你可曾记得一些被老师称赞的经历吗？你被老师称赞时有何感受？这种经历给你带来什么影响？
* 学生怎样才可获得你的称赞？你曾经如何称赞你的学生呢？哪些方法较佳？

具体实践

* 称赞学生时，必须要具体，要先描述赞赏的事情，并分享自己的感受。例如：“志伟，你今次的作业做得很整齐，老师很高兴。”

你的补充

校长与你有个约会

见老师、见校长，再不是顽劣学生的专利，而是每一个学生都可以有机会拥有的快乐经验。

当你还是学生的时候，曾经被校长约见吗？在香港，学生被校长约见似乎都是不甚光彩的事情，他们若不是严重违反了校规，就是学习态度散漫及成绩差劣，上课时影响老师授课，影响同学学习。这些学生见校长前都有思想准备，准备接受校长的责骂。他们见校长的时候，或是嬉皮笑脸，或是呆若木鸡，总之挨一顿骂之后又是一条英雄好汉，原来滋扰上课的，仍旧令老师头痛；原来懒惰成性的，依然不思进取。过了一段日子，又是见校长的时候了。校长的约会，好像成为一群顽劣学生的专利品似的。

我有一位朋友，刚从澳洲探望儿子回来，她的儿子在悉尼一所中学就读，学业成绩甚佳，但他却频频见校长。原来这所学校的校长，经常安排接见各级表现优异的学生，作为表扬他们的一种措施。举凡学生在测验考试中成绩斐然，甚或在家课习作上表现出色，都有机会获校长邀请，到校长室与校长畅谈一番，接受校长的嘉许。

这与香港常见的情况刚好相反。

鼓励是帮助学生建立自信、欣赏自己的一个好方法，而来自校长的鼓励，对学生来说，更具有正面的意义。当然，在香港当中学校长，工作量庞大，每天要处理的文件如雪片飞来，校内校外的会议亦数量众多，但要在校内建立一种支持和鼓励的气氛，校长实在责无旁贷。同时，倘若校长能主动对表现优良的学生给予嘉许，其他教师也容易受到感染。于是，见老师、见校长，再不是顽劣学生的专利，而是每一个学生都可以有机会拥有的快乐经验。在面见时，平日表现优异的当会备受赞扬，而一向表现差劣的，也可以因其进步而获得欣赏。这种充满鼓励和支持的学习环境，可以帮助学生建立自尊与自信。

个人反省

* 想到“校长约见”，你会联想到什么事情呢？
* 你求学时期曾经被校长召见吗？那一次的经验如何？

具体实践

* 无论你的身份是校长、主任或是一位普通教师，你都可以约见表现有进步的学生，当面鼓励他们。

你的补充

知耻近乎勇？

老师，在同学面前请别讥笑我，这样会伤害我，也会让我恨您。私下的一句温柔的劝告，对我更加有效。

——林双不《学生心声》

许多老师往往不自觉地用了羞辱的方法教导学生，以“策励”他们奋发向上。我曾经遇到一些教师在上课时对学生说：“你们这些垃圾，学来学去都不懂，真是烂泥扶不上墙。”这段话反映了老师内心的无奈、无助、挫败、失望甚至愤怒。当学生教而不善，加上嘈吵捣蛋时，老师们常会发出这样的吼声，一方面发泄内心的不快，另一方面希望借此让学生知道他们是如何“失败”，叫学生可以知羞，以达到“知耻近乎勇”的目的。

也有一些老师喜欢在派发测验卷时，顺着学生成绩的高低依次分派，让那些成绩低劣的学生更清楚自己的不济，作为对他们的警告，让他们在下次测验时好好努力。

事实上，可以“知耻近乎勇”的能有几人？利用这方法以鞭策学生，许多时候效果是适得其反的。学生在羞耻感的笼罩之下，只会抬不起头，本来害怕失败的，仍旧害怕失败；本来学习跟不上的，依旧跟不上。我们不能期望学生在尊严被侵蚀之下能自行重建自尊。

也许有些学生真的可以知耻近乎勇，为洗刷羞耻感而发愤努力，不过师生之间有时却形成敌我分明的关系。曾经有一位学生表示他之所以要努力读书，就是要避免再被老师羞辱，他更表示要努力赚钱，将来买下这所学校。用羞辱的方法来教导学生，有时要付出很大的代价。

我并非反对谴责那些不负责任的学生，而是在需要谴责学生时，必须小心从事，以免这些谴责只成为老师发泄的途径，失却了教育的意义。

个人反省

* 倘若你是学生，每天上课时总是被人挑剔、被人抓错处时，你有什么感受呢？
* 你可有用羞辱的方法“教导”学生吗？你可以用哪种方式来代替这些羞辱学生的方法？

具体实践

* 当学生教而不善、无心向学时，宜避免只用责备的方法，可以先行分享自己内心的感受，例如对学生说：“你们刚才上课的态度令我感到很难受和很失望。”然后再解释这感受背后的原因，借此教导学生应有好的表现。
* 学生对某些课题感到困难时，可以考虑先让他们学习较浅显的课程。

你的补充

孩子，我知道

生命的价值不在于你得到多少或失去多少，而在于你是否全心全意地努力过，活出那一份光和热。

——杏林子《生之歌》

在心理学上有一个概念名为“习得无望感”（learned helplessness），它指出当你发觉自己无论怎样努力，似乎都没法改变失败的结局，不论你做些什么，好像都无法争取成功，长期处于这种状况下的人，会有强烈的无望感。即使环境改善了，只要稍加努力便成功在望，这些人都不会再作尝试，被动地接受“失败”的事实。因为长期遭受失败的经历，令他们失去斗志，对自己不再存有任何希望。

试看看我们的学生，其中充斥了许多无望感强烈的人，他们在学习上处处表现乏力，不少学生采取被动或放弃的态度，他们认为课程太艰深，上课时又不明白老师的教导，回家后不会做作业，每次测验考试均成为他们体验失败的日子。各位同人，我们应如何帮助他们呢？

曾经有一位中二的学生跟我大吐苦水，他觉得自己已经十分努力了，花在温习英文的时间比同班任何一位同学都要多，但是每次做作业、默写或作文的结果，都令他感到十分失望。他非常沮丧，感到不公平，很想放弃，他觉得反正结果都是不及格，与其努力温习，倒不如抱头大睡，吃喝玩乐度日便算了。

我望着这孩子，看见他一脸无奈的神色，能感受到他的无望感，便对他说："老师明白你的失望，我知道你曾经努力，只是成绩仍未如理想，但我仍然欣赏你的努力，不要放弃，你仍是个有价值的人。"这位中二的学生一时间把压抑于心中的情绪发泄出来，大哭一场。其后，他对我说："老师，请放心，我不会放弃的。"

对于这群近乎"习得无望"的学生，也许同感可令他们感到仍然有人知道他们的处境，明白他们的感受，对要放弃的态度重新作出评估。所以，各位同人，请我们多些说："孩子，我知道……孩子，我明白……"

个人反省

* 你曾否经历"习得无望"的感受呢？
* 你怎样帮助那些在学习上对自己失望的学生呢？哪些方法较为有效？

具体实践

* 与个别"无望感"强烈的学生面谈，让他表达对学习的感受，用接纳的态度表示你明白他。
* 对曾经努力的学生表示你的欣赏，支持他们继续努力。

你的补充

Ⅳ 社群自我形象

唱游的启示

老师对较被动学生的关注及邀请，是帮助他们进入群体的重要因素。

拥有健康社群自我形象的学生，一般都不会故步自封，自我孤立。相反，他们都乐意与别人交往，有勇气跟陌生人谈话，投入社群之中，并能承担自己在群体中的责任。我在小学时是个颇为害羞的孩子，性格较内向，而且不善辞令，不敢与陌生人交往，更不敢参与课堂上的活动。许多时候当老师发问时，我并非不懂得答案，甚至心中很想作答，可是右手好像千斤重，说什么也举不起来。每当同学回答了问题，获老师赞赏时，我心中既羡慕，又责怪自己。我不明白为何自己这么胆小，既然懂得答案，也期望获得老师称赞，为什么总是不敢参与？

直到有一天，令我改变的教师出现了。

小学的音乐教师很喜欢以唱游的方式来教学，那一次，老师教我们一首儿歌，内容是说羊妈妈要离家外出，离家前对小羊千叮万嘱，切勿给陌生人开门。羊妈妈离家后，狡猾的豺狼便来敲门，请小羊开门，而小羊听从母亲吩咐，说什么也不开门，逃过了一场劫数。

音乐老师邀请同学们扮演不同的角色，有的做羊妈妈，有的做豺狼，有的做小羊及其兄弟姊妹。很多同学举手争取演出的机会，而我还是害羞地垂下头，坐在位子上，但心中有很大的挣扎，我很想参与唱游，只是自己缺乏勇气。忽然间，老师走到我的跟前，对我说："刘兆瑛，你做其中一只小羊，好不好?"我满面通红，支吾着走了出去，成为那群小羊的最后一只。当狡猾的豺狼唱起："小羊儿乖乖，快点儿开门，我要进来。"我便开口回应："不开不开我不开，母亲不回来，谁来也不开。"这是我积极参与课堂教学活动的第一次。当然跟着有二次、第三次……

我很感激这位音乐老师，因为她主动邀请，帮助我投入课堂，学习参与群体活动。教师对较被动学生的关注及邀请，是帮助他们进入群体的重要因素。

个人反省

* 从前的你和今天的你，在群体社交中的表现有什么不同？为什么会有这种变化呢？
* 当害羞的学生不敢参加群体活动时，你会怎样帮助他们？

具体实践

* 注意学生在群体中的表现，主动邀请一些较被动或较害羞的学生参与活动。切忌强迫这些学生参与活动，强迫只会令他们更加退缩。

你的补充

名字

名字是每个人独有的代号，它代表了各人的独特性，看见名字，就如同看见它所代表的那个人。

每个人都有名字，有人甚至有多个名字，就以我的儿子为例，他单名叫璞，英文名为 Bach，他的称呼可多得很呢！小璞、璞璞、璞仔、Bach Bach、Bach 仔等等一大串，都是他的称号。

我的名字叫兆瑛，这是父亲给我取的，我曾经翻查字典，看看我的名字到底是什么意思，原来“瑛”是“碧玉之光”之意，我想这是父亲对我的期望，希望我的生命如碧玉般发出光辉。从小开始，我对“兆瑛”这个名字就没有多大好感，觉得它比较女性化。因此，当我在十八岁换领成人身份证时一度想把它改掉，但是改来改去，总没法改个更好的，可能我对“兆瑛”这个名字已产生了深刻的感情，不想把它放弃。到今天，我越来越喜欢我的名字。

名字代表了每个人的身份，是人与人接触时的称号，各人对名字具有一定的占有欲，我们许多时候都不希望自己的名字与别人一样，遇有名字相同的朋友或同学，心中总是很不是滋味，因此名字会带给人独特的感觉。在一个群体之中，让别人知道自己的名字，是互相认识的第一步，也是建立归属感的基础。

要建立学生健康的社群自我形象，让每一位同学向同班的同学介绍自己的名字是个很有意义的活动，班主任在开学时不妨花点时间让同学们互相认识。除了介绍名字之外，我们也可以请每一位学生起一个自己喜欢的称呼，可以是自己原来的姓名或简称，也可以是英文名或外号，并且鼓励每一个同学以此互相称呼，以增进同学间的情谊。在一个陌生的环境中，能够听到别人以自己喜爱的名字称呼自己，既亲切又友善，容易让学生们适应并投入新的学校生活。

个人反省

* 你的名字有什么意思？你喜欢自己的名字吗？
* 在你的学生中，有谁不喜欢自己的名字？你怎样帮助他呢？

具体实践

* 请每位学生为自己选择一个自己喜欢的称号，然后鼓励各人以此相称。
* 请学生分享他喜欢的称号的意义。

你的补充

你的名字是……

教师若能说出学生的名字，

学生会感到被重视和关怀。

教师能够说出学生的名字，对学生来说是很有意义的。还记得我在一所非营利的私校当校长时，每年暑假中学放榜后，我们都要收一批重读的中五学生，其中许多是外校生。这群中五重读生，对学校来说是一群天外来客，这些学生无归属感，只期望在校内混六七个月，便有机会再战试场。

暑假快完结时，我便会细阅他们的报名表格，看看他们的照片，尝试记一些重读生的名字。及九月开课，我早上站在校门看看学生返校的情况，遇有记得名字的，我便跟他点点头，说："×××，早上好。"同学都会很诧异："为何这个矮小子知道我的名字？"及后知道我是校长时，更感震惊，但对学校却产生了莫名的归属感，觉得自己属于这个地方，觉得被尊重，因为连校长也认识自己。

对某些教师来说，记诵学生的名字是很困难的事，开课后数月，可能连一半学生的名字都未能认识。不过，倘若教师能记得学生的名字，上课发问时，便不用十五号、二十号地抽学生作答，有时教的班数太多，难以记得学生的名字，座位表便是一件好工具，帮助我们可以名字相称，请学生表达意见；课余时间，在走廊球场见到认识的学生时，用名字称呼学生，使人倍感亲切，亦使学生容易建立在学校群体中的归属感，社群自我形象自然变得较强。

在大学教学时，我也常常应用这一方法帮助学生融入群体。在每学期上第一节课之前，我都把学生名单诵读数遍，以便对学生的名字有所认识。上课时，为使他们互相认识，我便请同学介绍自己的名字及背景。三十多位同学介绍完毕，我便问："谁能把全体同学的名字说出来？"他们都会认为这是不可能的事，然后我便尝试把这三十多位同学的名字依次说出来。方法说穿了，其实很简单，当同学介绍完名字，述说自己的背景时，我一面听，一面把刚才的同学的名字在心中暗念一遍，三十多位同学介绍完毕，我也练习了三十多遍，于是除了一些特别难记的名字外，大部分我都能说出来。这样换来的不单是同学们的喝彩声和热烈的掌声，而且他们更投入课堂的活动，更勇于在这群体中表达自己。

个人反省

* 你能否记得学生的名字？你可有尝试记诵他们的名字呢？
* 有什么有效的方法可以帮助你记忆学生的名字？

具体实践

* 编制各班的"相簿"，在各张照片下清楚写出学生的名字，供老师们参考。
* 在新学期的开始，到每班上课时，利用座位表，依次称呼每一位同学的名字，与他们握手，使学生感到老师对他们的尊重。

你的补充

我 找到朋友

在陌生的环境中找到新朋友，

是一件令人十分兴奋的事。

儿子小璞就读幼稚园的时候，在智力上和体能上的发展都非常健康，只是在群性上的表现，令我们做父母的有点担心。小璞表现得比较害羞，不敢和陌生人接触，同时，与其他小朋友玩耍时，经常用“哭”来解决孩子间出现的纷争，在同学中并没有较知心的朋友。

及至小璞升读小学一年级时，我带他参加学校举行的新生入学指导日。排队的时候，有一位体型肥胖、满脸笑容的小朋友站在他身后，这位小朋友主动跟小璞谈起话来，原来他名叫主恒。就从那一天起，小璞便跟主恒成为很要好的朋友。我问小璞：“你喜欢小学的生活吗?”他兴奋地答道：“当然喜欢啦！有主恒一起上课，真开心，我最好的朋友就是主恒了。”是的，在陌生的环境中找到新朋友，是一件令人十分兴奋的事，可以让我们尽快地适应新环境，并且建立对这个群体的归属感。

小六升中一的学生要面对一个新环境，教师要帮助他们结交新朋友和建立友谊，使他们尽快适应中学生活。在新生指导日的时候，中一班主任除了点名、介绍课室规则和处理班务之外，也可以与学生们进行一些互相认识的活动。例如为每位学生准备纸笔，在指定的时间内互相邀请同学在纸上签名，并留意签名人的面貌特征，然后请获得签名最多的三位同学介绍各同学的名字和特征，让学生们有机会认识各人的名字。

此外，老师又可以将学生们分成三至四人的小组，请他们互相介绍自己，内容可包括读书的背景、家庭背景和兴趣等等，若双方同意更可交换电话号码，作为联络的方法。

个人反省

* 想象你是一位初升中学的学生，面对一大群陌生的同学，你有什么感受？
* 你如何帮助班内的新生融入班级的群体？哪些方法较为有效？

具体实践

* 善用新生入学指导日，以活动的形式帮助各新生互相认识。
* 上课的初期，请各同学不论是否已经相识，都要互相介绍自己的名字，让他们互相了解、互相认识。

你的补充

异 性的困惑

不要让谈恋爱的学生产生犯罪感，正面教导学生怎样恋爱，使他们不至陷入“乱爱”的危机。

“中学生应否谈恋爱?”

“不应该”，这答案在十多年前是十分肯定的。不过，时至今日，“学生应否谈恋爱”这个问题似乎已经不单是中学生要面对的问题，连小学生也可能被牵连在内。许多老师亦好像无可奈何地接受了学生谈恋爱的事实。

是的，结交异性朋友有时会成为学生的困扰，即使幼小如我的儿子，今年只读小二，已经跟我谈他在校内认识的“女朋友”了。当然，结交异性朋友与谈恋爱是两回事，但是有些时候，连教师也把它们相提并论，看见某一男同学常与另一女同学一起谈话，教师便把他们视为一对，怀疑他们“拍拖”。

今天仍然有些教师知道他的学生谈恋爱后，便会千方百计地拆散他们，请双方家长互相见面，交代清楚，然后请家长各自约束子女。他们最常见的动机是担心谈恋爱会影响学生的学业和校誉，有些老师担心学生今天所恋爱者其实非心中所爱，只是一种人有我有的心态而已，与其将来分手时痛苦，倒不如提早分开，免得越陷越深，不能自拔。

不过，学生结交异性朋友甚至谈恋爱，其实是青少年成长期中一个很自然的现象，其中有些学生年少时便渴求结交异性朋友，发展亲密关系；也有些渴求多个异性朋友，并为此感到自豪；也有些因自己没有亲密的异性朋友感到自卑沮丧，这大都与他们的家庭背景和成长经历有关。要帮助这些孩子，单纯拆散他们是不切实际的。散了一个，又会再结识另一个，倒不如让我们心平气和地聆听孩子的心声，让他们表达自己内心的需要。老师也尽量理解他们的感受，在适当的时候可以分享自己的经验，直接指出恋爱所付出的代价，并教导学生与异性朋友相处时应有的态度，用真诚关心的态度关心学生的发展，提供适当的指导，不要让谈恋爱的学生产生犯罪感，要正面教导学生怎样谈恋爱，使他们不至陷入“乱爱”的危机。

个人反省

* 你在中学期间可有结识异性朋友吗？结交异性朋友初期的感觉怎样？你的老师或家人曾经干预吗？你的反应如何？
* 你的学生渴望结交异性朋友吗？你怎样教导他们与异性朋友相处？

具体实践

* 利用班主任时间与学生讨论结交异性朋友和谈恋爱的问题，在适当的时候分享你以往的经验。
* 与正谈恋爱的学生个别面谈，让他们表达自己的感受，引导他们发掘这些感受背后的意义，使他们明白自己渴求异性朋友的原因，并讨论异性相处之道。

你的补充

师兄师姐

鼓励高年级的同学关怀低年级的同学，若推行得宜，可收全校一家亲之效。

许多中学都设立“师兄师姐”计划，由校内高年级的学生充任“大哥哥”或“大姐姐”，为校内较低年级的弟弟妹妹提供各项不同的服务。最普遍的服务是由师兄师姐帮助师弟师妹补习，在课余的时候，高年级的学生权充小老师，给低年级的学生讲解一些他们在学习上遇到的难题。

中一入学的新生，在适应上要面对很多难处。在学习上，许多学生对英语授课的安排存有很大的抗拒和恐惧感，有些学校的师兄师姐便针对这问题，为师弟师妹开设英语会话班，并教他们一些常用的课堂英文用语，例如忘记带课本时要如何表达，学生需要到洗手间时应怎样向老师说等等。

此外，还有一所中学的师兄师姐很有创意地为师弟师妹预备了一张校外附近的街道图，图上注明了各书局、士多店、快餐店和食店的位置，以帮助这批“新丁”在午膳时，比较容易找到餐厅午膳或购买盒饭。在开学后数天，有些热心的高年级同学更愿意带领新入学的同学一同午膳，互相认识。

“师兄师姐”是一项很有意义的计划，透过这一安排，低年级和高年级的同学可互相接触，打成一片，学校俨然成为一个大家庭。初中的学生可以得到更多关注和具体的帮助，使他们有机会结识高中的同学，并受到关怀和照顾，较易面对适应上的困难；而高中的学生则可以服务同学，体验自己对社群的重要性和贡献，建立信心和实践爱心。

个人反省

* 你的学校可有举办“师兄师姐”的计划吗？你认为这一计划可行吗？

具体实践

* 将高年级的同学组织起来，提供适当的训练，教导他们如何为低年级的同学服务。
* 可参观有举办“师兄师姐”计划的友校，互相交流，取长补短。

你的补充

优点轰炸

赞美是所有声音中最甜美的一种。

——金诺芳

时下青少年在言谈举止上的表现，往往为人所诟病，他们喜欢互相嘲讽，用言语互相践踏，不留情面，甚至视这种互相攻击的活动为游戏，觉得有趣好玩。因此，每每有人面对困境，感到尴尬之时，朋友常常落井下石，嘲笑当事人，令他更感尴尬，哭笑不得。当然这种说笑式的嘲弄有时确实可以为朋友间营造欢乐的气氛，被戏弄者亦能一笑置之，但是有时过分了，却可令朋友间的友谊受到莫大的损害，使朋友间的交往变得小心翼翼，恐防被人抓到取笑的把柄。这种关系虽然未至于互不信任，但是大家的距离却越来越远。

欣赏和称赞是朋友间互相建立信心和良好关系的好方法，只是我们不习惯称赞别人或受别人称赞而已。我曾经跟一群正接受师资培训的在职老师玩一个名为“优点轰炸”的游戏，教师约四至五人分成小组，各自围成小圈子，每个组员轮流接受其他组员的称赞，这种称赞必须诚恳和具体，并且是真挚地表达出来，虽然这群教师认识未算深入，但凭着数周来的相处，竟能互相寻到对方的长处，有些称赞对方的性格温柔、对人关怀备至；有些称赞对方分析力强、表达清楚；也有些称赞对方外表漂亮。总之，课室内顿时充满了称赞之声和欢笑之声，非常热闹。

我请他们在活动后分享刚才的体会和感受，大部分都感到十分高兴，表示从未接受过这么多的称赞，同时对自己拥有的优点更为肯定，自信心也增强了。有些同人更表示，自己被称赞时虽然有点尴尬，但同时发掘了一些自己以前不知道的优点，因而感到雀跃兴奋。

各位教师，你也可以跟你的学生来个“优点轰炸”，让他们感受一下被称赞欣赏的欢愉。

个人反省

* 你有什么优点？别人容易察觉这些优点吗？
* 试想象被别人称赞时，你有何感受？

具体实践

* 将学生分成四至五人的小组进行“优点轰炸”。倘若学生较为被动，可先请他们将同组组员的优点写在纸上，然后向组员读出。
* 轰炸完毕，返回原座，请学生分享互相指出大家优点时的感受。

你的补充

十六年的心结

老师，希望你知道，你的一言一行，对学生会产生很大的影响。

已经是晚上十时多了，我独自坐在大厅的沙发上休息，忽然间电话铃声响了起来。原来是邓文峰打来的，他是我初执教鞭时的学生。寒暄了几句，他开始跟我谈及正题。

“刘 Sir，下星期我便三十岁了，有一件事我放在心中十六年，我很想在三十岁生日之前跟你谈谈。”

我依稀感到事情不是那么简单，他说起话来也有点吞吞吐吐。

“刘 Sir，你还记得吗？十六年前的一天，你……你记了我一个小过。”

“我已经没有印象了，那是怎样的一回事？”

“那时我扯着一位女同学的校服，给你看见了，你认为我欺负那位女同学，给我记了一个小过。刘 Sir，我觉得你处事不够公正，没有把事情弄清楚，便把我罚了。”

“我对你当时的表现十分失望。”文峰说道。

“你可以详细告诉我事件的始末吗？好让我知道我怎样错罚了你。我不想胡乱猜想和解释，只想对当时的情况多一些了解。”

“那时候，许多同学笑我的举止女性化，她们说我‘女人型’，经常嘲笑我，我一时沉不住气，才动手教训她们。谁知你竟然不分青红皂白，只把我罚了，对她们却网开一面没有任何惩罚。我从那天起，便把自己隔离起来，不想与那些同学有任何交往。后来我离开学校之后，仍是那么孤僻，甚至认为自己是个不受欢迎的人。幸好这几年有些朋友不断帮助我，刘 Sir，你是我敬重的老师，但我很想让你知道这一事实，你曾经伤害了我的自尊。”文峰的声音有点颤抖。

我一面听，背上一面冒着汗，这是个十六年的心结，尤幸文峰今天有勇气对我说明原委，否则，这心结仍会束缚着他，而我也不知道自己曾经伤害了一位学生的心灵。除了向文峰道歉之外，我还表示十分欣赏他的勇气。

“刘 Sir，我希望你知道，教师的一言一行，对学生可能会造成很大的影响。”这是文峰三十岁前给我的忠告。谢谢你，文峰。

个人反省

* 看完《十六年的心结》一文，你有什么感受？从这件事情中你可以学到些什么？
* 假如你不经意间伤害了一个学生的心灵，你可以做些什么来补救？

具体实践

* 学生之间有冲突或争执出现时，不要冲动处罚了便完事，要让双方都有机会表白之后，才判定谁是谁非。
* 留意学生有没有一些特殊的表现，如较女性化的男孩子或较男性化的女孩子等，聆听他们对自己的观感，并教导他们应如何表现。

你的补充

贡献

当体验到自己对群体有所贡献时，

自信和自尊都会得到提升。

青少年在成长的过程中，若能够多体会自己对社群的贡献，有机会服务众人，会比较容易建立自信，不轻易放弃自己，并在与别人交往时显得较有信心，感受到自己在群体中的价值。

在学校中，许多成绩不理想的学生除了学习上有困难外，在情绪和行为上，有时会给老师带来较大的麻烦，所以老师们有时很“怕”与这些学生交往。见面时，若非追交功课，就是查究纪律秩序问题。同时，他们很少被老师“重用”，担任班会职员或其他职务。

但我有另一个观察，这一群学能欠佳的学生，有许多在活动和游戏上竟是高手，只是才干没处发挥而已。有些在体育运动上表现出色，打篮球技术超卓，在比赛时，带领球队进攻和防守，显示很强的领导能力；有些在组织活动上具有创意，从他们作弄教师就可以看出，其实他们具有很强的领导能力；有些很有美术天分，看他们上课时所画的漫画，你会惊叹他们绘画的功力，曾经有一个学生上课时给我画了一个漫画造型照，惟妙惟肖，十分有趣。

倘若这群学生可以将他们的领导能力、创意和天分发挥在学校内一些正常的活动之中，让他们感到自己对校方有所贡献，我相信他们会慢慢地看见自己的重要性，能够建立一个较健康的社群自我形象。

于是我和其他教师商议后，便成立了“课外活动干事”的职务，广邀一群活泼、好动，但在学业上未必有成的学生参与，并且安排适当的教师作他们的导师，领导他们协助校方筹备各项课外活动。

一群常常捣蛋、常有纪律问题的学生确实需要教师较多的督导。不过，慢慢地他们学会了开会的程序，竟把校内一项一项的活动办得十分妥善。当中虽然仍有不足之处，但是他们的表现已超出我们的想象。除了活动办得好以外，这群课外活动干事在与人相处、尊重别人，甚至学业上竟然有所进步。这些可能都是体验自己对社会有贡献，感受到自己对群体的价值之下的副产品吧！

个人反省

* 你放心让那些平日过度活跃和常常捣蛋的学生出任“课外活动干事”，协助筹备组织各项活动吗？为什么？

具体实践

* 将顽劣的学生组织起来，协助策划和组织各项课外活动，要先提供适当的训练，并委派适当的指导老师。
* 不要要求学生有太好的表现，要给予足够的空间，让学生慢慢学习和进步。

你的补充

社会服务

服务社群的经验可以帮助学生明白自己是个有用的人，能够对社会作出贡献。

“关心社会，服务人群”是一个社群自我形象健康的人的具体表现。他除了有良好的人际关系、在朋友之中广受欢迎外，对群体有归属感，并且能体验和欣赏自己在社群中的重要性，他更具有关心国家社会、愿意为人类服务的情操。

学校的课外活动，许多都能培养学生助人的精神，倘若我们能加以善用，学生当可因此获益。公益少年团、红十字会、童军、义工队等均属服务社会的组织，它们的活动内容除了训练学生良好的纪律之外，还经常安排学生到各个社会福利机构，直接参与义务工作，让学生亲身体验服务社会的感受。这些活动有些虽属参观性质，但仍缺少不了服务的特性。例如参观老人院、参观弱智儿童中心等等，在参观的过程中，学生可以一睹不同的社会服务机构的特色，了解他们的服务对象和工作环境，若条件许可，还可安排学生参与照顾老人家或弱智儿童的工作，为这群有需要的人举办联欢康乐活动。

除了参观外，还可以举办一些有益身心的服务活动，例如清洁海滩运动、为慈善团体筹款等等，都可以让学生体验服务社群，培养其关心社会的良好习惯。

对于没有参与这类课外活动的学生，我们可以与他们分享一些伟人的生平，借此鼓励他们投身社会，帮助有需要的人。我最爱跟学生分享德兰修女的事迹，她年轻时便离开家乡，到印度加尔各答当见习修女，在街头遍寻垂死的人。她看重人活着的权利和尊严，愿意收养照顾这些徘徊于死亡边缘的人，给予他们温暖和爱，使他们重获新生，或让他们在爱中走完人生最后一段路程，有尊严地离开这个世界。

培养学生服务社会的精神，提供机会让他们身体力行，引导他们对社群作出承担，这都是提升他们社群自我形象的方法。

个人反省

* 你曾参与社会服务吗？你有什么感受呢？
* 哪一位服务人群的伟人的生平令你最受感动？原因何在？

具体实践

* 与学生分享一些伟人的生平，告诉他们你对这些伟人的观感。
* 鼓励学生参与社会服务工作，在可能的范围内，与他们一同参加。

你的补充

没有英雄的年代？

一粒麦子若不掉在地里死了，仍旧是一粒；

若是死了，就能结出许多粒子来。

——《圣经·约翰福音》

青少年不断寻找学习和模仿的对象，君不见娱乐圈中人士，每每成为学生们的偶像，偶像们的打扮，成了他们的打扮，偶像们的说话方式，也成了他们的说话方式。不过，我常常说："这个年代没有英雄。"学生们很难找到他们心中真正的英雄来学习。

不过在最近八仙岭山火事件之中，我这句话要给画上问号了。这个年代有英雄，有值得我们教育工作者及学生们学习的英雄，他们是在山火事件中罹难的周志齐和王秀媚两位教师。一九九六年二月十日周、王及其余两位同人，带领四十多名学生攀爬八仙岭，途中不幸遇着山火。周、王两位教师冒着生命的危险，甘于殿后，将一些体力较弱的学生逐一推上巨石之上，协助他们脱离险境。可惜山火无情，周、王两位老师最后却丧身于火海之中。

"燃烧自己，照亮他人"正是这两位老师所表现的高尚情操，为救他人的生命，最后牺牲自己的生命，他们的行为是英雄的作为。

生与死之间的抉择是一刹那的，周、王二人选择了以学生的福祉为己任，无视死亡的威胁，他们的死，虽然闻者伤心，见者流泪，却激励了许多教育同人重新反省对教育的认识，也鼓励学生们积极地面对自己的生命。周、王之死，是本港教育界一大损失，我深深期望，这件事可以带来积极正面的影响，代价真的是不能白付的。

让我们与学生分享英雄的事迹，让他们的高风亮节激励学生自强不息，对处身的群体承担责任，贡献自己的才能，努力为社群谋幸福。

谁说这个年代没有英雄？

个人反省

* 周志齐和王秀媚两位教师的舍身行为对你有什么启示？你有何感受？
* 假若当时你置身八仙岭山火现场，你会怎样做呢？

具体实践

* 借班主任时间的机会向学生讲述八仙岭山火的事迹，并请学生分享他们对牺牲生命的两位教师的观感。
* 举办征文比赛，让学生阐述他们对八仙岭事件的感受。

你的补充

亲情

一家人能够密切合作，才是世界上唯一的真正幸福。

——居里夫人（Marie Curie）

家庭是孩子们接触的一个非常重要的群体，良好的社群自我形象许多时候建基于孩子在家庭中与家人的关系，父母怎样看他们，常常是他们怎样看自己的根据。

父母对孩子的影响十分深远，我曾经因学生常说粗话而约见家长，当学生的父亲听见自己的儿子常常在学校内说粗话时，竟然在我面前用最激烈的粗话骂他儿子说粗话，这情景真是讽刺极了。我亦因此明白为什么这孩子常常用粗话与同学对答。

要帮助学生们培养与家人的良好关系并不容易，我们始终很少有机会接触学生的家人，或进行个别家访以了解他们的家庭生活，但是有些事情我们可以鼓励学生注意。我记得当儿子就读幼稚园时，举凡圣诞节、农历新年、情人节、母亲节或父亲节等日子，儿子都会为我们亲手做一张卡或不同的手工制作，送给我们作为礼物，这些大部分都是校方安排的劳作的制成品。我与太太非常欣赏校方这种安排，它增加了我们夫妇二人和儿子接触的机会，我们也乐于收到儿子亲手制作的礼物。

看看中学的情况，不知道是什么原因，我们很少看见学校安排学生在一些节假日，为家长画张贺卡或制作手工礼物。其实，这是一些很值得在校内推广的活动，这些活动有助于学生建立较佳的亲子关系。除了绘画或手工外，我们也可以请学生透过文字表达对家长的观感，例如用“亲子情”、“家庭乐”、“我的父亲”或“我的母亲”等为题进行写作活动，然后鼓励学生们将文章带回家中给父母阅读。

今天单亲家庭或父母离异的情况日益严重，家庭的观念有逐步解体的现象，我们当教师的也应照顾学生在这方面的需要。事实上，和谐的家庭生活是建立健康的社群自我形象的基础，我们不能掉以轻心。

个人反省

* 你的家庭生活怎样？这种经验对你的社群关系有没有影响？
* 你的学生家庭背景怎样？来自破碎家庭或单亲家庭的学生有多少人？他们在社群关系上的表现怎样？

具体实践

* 鼓励学生们每天跟父母分享学校生活。
* 设计教学活动如于特别日子绘制贺卡送给父母，或书写有关家庭生活的文章，鼓励学生与家长分享这些文章。

你的补充

独处

独处是一个与自己相处的时刻，是一个与自己约会的时刻。

拥有健康社群自我形象的人，愿意投入社会，有勇气与他人建立深切的人际关系，也明白自己是群体的一分子，愿意为这一群体作出贡献；同时又能够享受独处，借着静思开拓内心的空间，借着默想反省自己的行为举止。

我爱交朋友及聊天，一旦有机会与友人畅聚，天南地北，无所不谈，天文地理，或是财经政治，甚至个人大计，都可以成为话题，经常通宵达旦、不眠不休地谈个不停。

我爱参加同事的活动，当我在中学任校长时，我常出席同事举行的生日会，与他们一同庆祝；参加同事的婚筵，与欢乐者共度欢愉的时刻。在同事当中我是个受欢迎的人，他们不会因我是校长而避而不见，还常邀请我一同午膳，我有空时也会主动走到教员休息室，向同事个别地问候，表达我的关怀。

我也爱参加学生的活动，放学后我会到各个教室巡查，看看教室内的情况。有时看见高年级的学生在温习，我便走进教室，跟他们谈谈，了解他们对学校生活的观感；有时看见低年级的学生在玩要，我也尝试参与其中。我会尽量出席学生组织的活动，如联欢会、圣诞节各班的茶聚、学生的旅行等等，我很享受与学生一同生活的乐趣。

我是个合群的人，喜爱群体活动，但我也爱独处，每天清晨回到学校，总有三十分钟单独在校长室内，静思默想，然后才走到校门，看学生回校的情形。假期我也爱独自驾车到海滩欣赏日落斜阳。独处的时候并无孤单的感觉，那是一个与自己相处的时刻，是一个与自己约会的时刻。

培养学生独处的能力，让他们享受静思默想的时刻，是帮助他们建立健康的社群自我形象的法门。

个人反省

* 你享受独处吗？独处时最大的感受是什么？
* 独处和合群是两件绝不相同的事，两者间的关系怎样？

具体实践

* 设计一些活动，让学生可以体验独处的感受，例如安排十至二十分钟的时间，要求学生们在校园内找个宁静的地方静默，聆听外界的声音，其间不可与别人交谈。活动完毕，请各人分享各自的感觉。

你的补充

V 情绪自我形象

老师哭了

老师，我希望您是一个有感情的人，

而不仅是一部教书的机器。

——林双不《学生心声》

小孩子哭的时候，大人总是用尽千方百计制止他继续哭；孩子大笑的时候，成年人又会冠以“没有规矩”的罪名，总之就是哭笑不得。

拥有健康情绪自我形象的人，情绪稳定，不会过度压抑自己，也不会如决堤的江河，情绪一发不可收拾。教师很多时候会要求自己压抑着情绪，甚至认为不应该向学生表达情绪。其实，教师也是人，有喜怒哀乐，只要表达适当，在学生的情绪教育上，可以发挥更大的功能，学生也学会如何适当地表达情绪。

回忆起我初执教鞭之时，担任中一级某班的班主任，有一天，有数位同学放学后来见我，愤愤不平地告发班内许多同学，在测验时串谋作弊：有的还私下调换了位置，以便进行作弊勾当。我听后感到很愤怒，我不是曾经要求我的学生要诚实的吗？为何他们会如此呢？

我不动声色，只打听了一些调换了位置的同学的情况。第二天，我请学生们放学后留下来，进行调位，中一的学生听到要调换座位，都观呼雀跃。放学后，我来到教室，然后按照学生作弊时的座位调换了一些同学的位置，有些同学开始醒觉，这不是调位那么简单了，有些学生感到不安。在我追问之下，全班四十人竟有二十七人参加了作弊。我的天，这是什么世界？我让没作弊的十三位同学先行回家，然后对这二十七人加以责备。

言谈之间，我感到十分失望，鼻子一酸，眼泪直涌出来，我很想离开教室，我不想在学生面前哭，但又不能撇下这二十七个学生不理。我哭了一会，情绪也渐渐平复过来，我告诉他们我心中的失望，并要求他们日后不要再犯这样的错。

眼泪并没有白流，当这群学生中五毕业时，竟有不少同学在纪念册中提及此事，他们最难忘的是刘老师曾经流过的眼泪。

个人反省

* 你在教学工作中曾经情绪激动吗？那一次的经过怎样？
* 什么使你情绪激动？你怎样处理那个场面呢？学生的反应又如何呢？

具体实践

* 喜怒哀乐，人之常情，学习接纳自己的情绪，并让它自然地表达出来，事后跟学生分享你的感受。

你的补充

对不起

人人都有可能犯错，但不是人人都肯道歉。

道歉需要勇气，也需要对自己充分的接纳。

人人都有可能做错事，成年人也不例外，做错事的时候常常感到尴尬及无所适从，此时，我们常常选择用逃避或找借口来掩饰内心忐忑不安的感受。例如：学生查问在什么时间可以发回半年前所交的习作时，教师便顾左右而言他，或反问学生有没有交齐功课；又当教师根本没有充分备课时，便随便找些艰深的问题询问学生；面对不懂答案的提问时，老师仍然扮作充满自信的“通天晓”。

你有没有类似的经历呢？其实，面对这样的困境，真诚地说一声“对不起”便可以解决内心的尴尬，只是不少教师认为要向学生道歉是很丢面子和令尊严受损的行为，教师怎么可以在学生面前认错呢？还要道歉，那太过分了。不过，我倒要问，这种“誓不低头”的态度又可以为教师赚取什么形象和尊严呢？

曾经有一位同事跟学生一起默写，忽然间她发现某学生的默写本上有一些写字的痕迹，字体虽不太清楚，但仍可辨认出来，加上这位学生本身就不是什么“乖学生”，教师霎时便很激动，认定学生作弊，预先把字迹印在簿上，便把默写本的那一页撕下来，全班同学也为之愕然。

那位被怀疑作弊的学生却满脸冤屈，红着眼睛跟老师解释：“老师，我没有作弊啊，那些是我上次默写改正时留下来的字印。”老师细心看看手上的“证据”，再翻看他的默写本，“糟糕，真的错怪了这个学生。怎么办？要认错道歉吗？”同事心中盘算着。

她将学生安顿下来，继续默写，等到收回默写本后，便在四十多位学生面前郑重地向这位被冤枉作弊的学生道歉，表示自己太冲动，错怪了好人。她会从此尊严尽毁和失去学生的信任吗？结果刚刚相反，从那天起，学生与她的关系更进一步，而且大家更能互相尊重和体谅。

一位懂得为做错事而认错的教师，可以成为学生的榜样，鼓励他们正视自己的过失，并用正当的方法处理因做错事而引发的负面效果。

个人反省

＊你曾有向学生道歉的经历吗？那一次的经过怎样？当你说“对不起”时，心中有什么感受？你的学生有什么反应？你认为这次道歉事件对师生之间的关系有什么影响？

具体实践

＊事情弄糟了的时候必须自我检讨，若是自己的责任便得鼓起勇气，向当事人道歉。道歉时可先叙述事件的过程，再说出自己内心的感受，并向对方说“对不起”。

你的补充

愤怒的咆吼

回答柔和，使怒消退。言语暴戾，触动怒气。

——《圣经·箴言》

情绪是一种内在的动力，可以推动人做出某种行为。愤怒是情绪的一种，由愤怒而引发的行为会比较粗野，并以暴力的形式表达出来。倘若愤怒的情绪能够获得适当的宣泄，可能不致产生暴力的结果。

我在中学三年级时，曾经在课堂上发脾气，尤幸班主任处理得当，我才不致受罚或有更加过激的行为。当年我花了很多时间和心思，用图画纸做了一份很好的化学实验报告，依日常交功课的程序传到前排第一位同学，跟着我便心安理得，认定已交了功课。谁知第二天午膳后回到教室，赫然发觉我的实验报告竟然放在我的桌子上，追查之下，原来有同学在前一天取了我的报告回家抄袭，在第二天他交了自己的功课后，随手把我的报告放回我的位置。我知道后，心中十分愤怒，刚好上课铃声响起，班主任很快便走进课室来教授中国语文。

我心中仍充满了愤怒，觉得同学的行为很恶劣，拿了我的作业抄袭，弄得我要迟交，我感到非常不公平、不合理，越想越气，盛怒之下，我很大力地拍桌上，涨红了脸，不顾后果地叫了出来：“×××你真是很讨厌啊！”

班主任望着我，他没有大声喝止我，只是轻声地问我：“刘兆瑛，有什么事啊？你很愤怒啊！”我便对班主任说明原委，他并没有责备我破坏了上课的秩序，反之请那位同学向我解释和道歉，经过这番直接对话之后，我心情也平复下来，继续上课。事后，老师再找我谈话，他没有怪我的冲动，觉得我的愤怒是很自然的反应，还教我在未愤怒至拍桌子前，可以先举手向他投诉，他会处理的。

我非常感谢我的老师接纳我是个有情绪的人，也接纳我的愤怒，容许我把它宣泄出来，更引导我如何处理当时的困境。

个人反省

* 你有没有遇到过学生上课时大发脾气呢？你当时怎样处理？
* 你对学生这样发脾气有什么感受？这感受可有影响你的处理办法？

具体实践

* 学生发脾气的原因很多，切忌一开始便认定学生在发你的脾气，要细心弄清楚实情。尝试接纳学生的感受，若时间及环境许可的话，可引导学生说出发脾气的因由，再行处理；倘若学生的情绪过于激烈，可以对他说：“我感到你非常愤怒，相信一定是有些事情令你如此不高兴，一会儿休息的时候，我再跟你详细谈谈，好吗？”又或是让他离开教室，请其他同事代行照顾。

你的补充

彷徨无助的女孩

许多人以为一个人在危难痛苦中最需要的是同情，可惜，这并不是事实。他们最需要的，是旁人同感的了解。

——林孟平《小组辅导与心理治疗》

某年刚放暑假的时候，我还是当天返回学校查看当天收到的文件。某天上午，我在校长室接到一个电话，电话筒上传来一个怯懦、畏缩的女孩子的声音，原来是5A班的小玲，她结结巴巴地道明打电话给我的原因，她要求我为她写一封信，证明她在校内的操行纪律良好。我感到很奇怪，便问她："你为何需要这样的一封信呢?"

"校长，我……我……你……不要问这个问题，可以吗?"小玲的声音很微弱，我差点儿听不清楚她说话的内容。

"小玲，好像有些事情曾经发生在你身上，你感到很难开口把它说出来，是吗?"

"是的!"

"在电话上谈话没有那么方便，你回校跟我谈谈，好吗?"小玲犹豫了好一会儿，终于答应在下午返校跟我谈谈。

小玲来到我的办公室，她两眼红肿，好像曾经哭过。经过一段时间的挣扎，她说出原委。原来日前她在一所超市，一时起了贪念，拿了一些药品，不付钱便离开，被店员发觉，报警处理，被控以店铺盗窃。小玲满面羞惭，她问我：“校长，你可以原谅我吗？”我看着她充满悔意的面容，便说：“人谁无错，你肯改过，我当然原谅你。”

小玲告诉我，她感到很彷徨，过两天便要上庭应讯，她不知如何是好。我望着她无奈的双眼，问她说：“上庭的一天，我和你一同前去法庭，好不好？”她露出感激的神色，说道：“校长，谢谢你，我保证以后不会再犯了。”

结果不出我所料，小玲的罪名成立，被判罚款兼留案底，我坐在法庭观众席上，参与了整个审讯的过程。事后，小玲显得很平静，她告诉我：“校长，我对将来仍然没有把握，我不知这案底会影响我多大，但很感谢你，伴我度过了这段难过彷徨的日子。我以后不会再犯错了，你放心吧！”

个人反省

* 你尝试过彷徨的滋味吗？什么事情令你感到彷徨？在彷徨之中，你期望别人怎样帮助你？
* 你遇过彷徨无助的学生吗？你怎样与他度过这段彷徨的日子？

具体实践

* 犯了法的学生自有法律来惩罚，他向学校求助时，并非需要另一位法官来审判他，而是需要一些关爱他的师长，给予教导和支持。与这些学生面谈，了解事件的真相，再决定如何帮助他。

你的补充

不敢回家的男孩

真正的困难和障碍不是外住的因素，而是你心理上的恐惧、怯懦、消沉和失望，这才是我们最大的敌人。

——杏林子《生之歌》

多年前，我认识一个中一的学生志文，我是他的班主任，亦是他的数学教师。有一次他因为欠交数学作业被我罚留堂，但是放学后却悄悄地溜走了，令我感到十分生气。于是我给他记了一个缺点，并要他再留堂补做作业。为防止他重施故技，放学时我在教室外等候他，把他留住，直至做完作业，才让他离去。离开的时候，他欲言又止，好像想跟我说些什么，但我见时间太晚，便嘱咐他先回家去，翌日再谈。

志文第二天下午才拖着惺忪的睡眼返校，我立刻把他带到辅导室倾谈，以了解情况。原来志文因为被记了一个缺点，不敢回家见母亲，所以整晚在公园游荡，及至被警察发现，于早上由家长把他带回家中，他表示还未跟母亲提及记缺点的事，他告诉我很害怕，害怕母亲知道他在学校犯错。

我虽然不明白志文为何如此惧怕，为了逃避向母亲说出记缺点的事，竟然整晚不回家，但他的惧怕惊恐是很真实的，他连说话的声音也带点颤抖，我便对他说："犯了错的时候要向母亲坦白，令你感到很害怕，所以宁愿不回家也不跟妈妈说，你到底害怕些什么呢？

可否说出来呢?”志文几经挣扎才告诉我，他害怕母亲打他，因为当他读小学时，曾经有一次记了过，母亲竟然把他痛打一顿，他感到很害怕。他更告诉我他在第一天被罚留堂时悄悄溜走了，就是不想母亲知道他被罚留堂，想回家补做数学作业，第二天可以交回给我，可是有些题目他不懂得怎样做，后来被我记了缺点，他更加不知道怎样面对母亲。

这惧怕的背后原来蕴藏了这些故事，我看着这孩子，心中明白他这几天的表现的原因，虽然我不同意他的行为，但他对母亲的惧怕却是那么实实在在。

感受本身并没有“是与非”或“对与错”之分。感到惧怕就是感到惧怕，没有所谓对不对的问题，但感受的背后总有它的缘由，当学生表现出激烈的情绪时，我们不能单看他表面的表现，而要用接纳的态度，引导学生明白引发这种情绪背后的原因，从而寻找解决的办法。

个人反省

* 你有没有像志文这样的学生？假如你的学生如志文一样，你会怎样帮助他呢？你可以做些什么帮助学生面对处罚带来的压力？

具体实践

* 要了解学生违规背后的原因，不要单用处罚的方法来解决学生触犯校规。
* 每次情绪发泄的背后都有缘由，以同感的态度引导学生明白这些缘由，再找出解决问题的良方。

你的补充

离情

能向友人一抒离别之情，道出心底的话，我们会更加珍惜自己所拥有的一切，好好掌握每一份情谊。

每一年毕业班的同学要离开学校之际，我们都为他们举办一个惜别会。会上，每一个同学都有机会向同学或教师表达他们内心的欣赏或感激。

我所任教的是一所非盈利的私校，有一半中五毕业的同学都是重读生，在过去七个多月重读的日子中，他们一方面要适应新的学习环境，一方面要应付第二次的会考，心理压力很大。正因为如此，这群中五同学建立了一个很好的支持系统，加上教师们不断的鼓励和支持，每每令他们有很深的感受。惜别会是一个很好的机会，让这群毕业生在离校之前，可以说出自己内心想说的话，做一些平日并无机会、也没有空间做的事情，让他们不至“不明不白”地离开校园。

我依例会出席每一年的惜别会，一方面期望我以校长的身份出席，使学生们感到被重视；另一方面我很享受惜别会中每个学生真挚的情感。有些学生向班主任致谢，对老师的谆谆教诲表示感谢；也有些学生向我致意，多谢我在早会的分享，以及在日常生活中对他们的关怀；更有些学生向同学表示感激，多谢同学的支持及在适应学校生活上所给予具体的帮助。总之会中充满了真挚诚恳的祝福，大家都可以分享同学间深厚的情谊，有些学生虽然只是互相认识短短几个月，却成为挚友。

惜别会是一个很值得为毕业班同学举办的活动，让他们一抒离别之情，向友人道出心底的话，使他们学会更加珍惜自己曾经拥有的一切，好好掌握每一份情谊。在互相握手道别之时，我们喜欢一同唱《离情》这首歌，它描绘了许多同学的心声。

“冲过几多艰苦，曾同越过障碍。在绝困中照料，挚友关心永在，愿明天在四方奔驰，独来往仍在挂念……离情此刻，常留心间，渴望再会再唱一曲。但愿珍惜，未忘深交，深盼情义可永念记。”离情的歌声渐渐静止，但是留在心中的朋友之谊与师生之情仍是那么刻骨铭心。

个人反省

* 在你中学毕业离校时，你感到最不舍的是什么？
* 你的学生毕业离校时，他们感到最不舍的又是什么呢？

具体实践

* 为毕业同学举行“惜别会”，让他们有机会一抒心中的离愁别绪、对同学的不舍以及对师长的感激之情。对另一些同学而言，能表达心中的郁结和不满，也是值得的。
* 为毕业班同学预备一份小礼物，表达你的心意。

你的补充

木腰带

老师，请您不仅仅教书，而更要教我们做人。

——林双不《学生心声》

这是一条很平凡、用木片制成的腰带，在菲律宾的街头可以很容易买到，但这条木腰带对李老师来说，有很大的价值。

多年前的复活节期间，校内举行了一次别开生面的筹款活动，由师长们捐出一些特别的物品供学生竞买，所得款项赈济饥荒中的儿童。我捐出了一块印石，谁竞得的话，我便给他刻上名字，作为得主的图章，而李老师便捐出了这条由木片制成的腰带。

拍卖当天，由李老师亲自主持腰带的竞投，底价为二十五元，竞投的气氛异常激烈，同学们争相出价，其中尤以中五乙班的同学，很有组织和计划地出价，大有志在必得之势。竞投结果，由中五乙班的同学以三百多元的高价投得，他们从李老师手上接过木腰带，面露得意神色，李老师也为腰带能筹得这么多款项感到兴奋。

第二天，李老师进入中五乙班的教室授课，受到同学热烈欢迎，好像要庆祝什么似的，然后有一个同学从柜内取出那条木腰带，代表全班同学送回给李老师。原来同学们自从知道李老师捐出了腰带拍卖，便商议好要送他这份礼物，好让腰带可以物归原主，不致落入他人手中，但最有意思的是他们在腰带每一块木片的背后都签了同学的名字，代表着他们的心意。对李老师而言，这条本来很平凡的腰带便成为了一份珍贵的礼物，它象征着学生一份至真至诚的感情和尊重。李老师接过腰带，眼含泪光，心中充满了对学生的谢意和欣赏。

学生为什么会这样做？原因很简单，除了李老师备课尽责，讲授生动之外，他所派发的笔记本是他自己掏腰包在校外给学生印制的，因为学生在这所私校就读，经济负担很重。李老师体谅学生的处境，将笔记本送给他们，最终换来这感人的回报。关心学生的需要，让学生感受老师的支持，你会得到意想不到的回报。

个人反省

* 你有没有因学生的回馈而感动？那次的经验是怎样的？
* 面对学生有情的表示，你有什么感受？你如何回应他们？

具体实践

* 要培养学生表现人性的一面，教师必须视他们如自己的子女，给予关怀和爱护。留意他们的需要，具体地给予协助和关心，有时一个笔记本、一张慰问卡、一个微笑，都可以令学生明白老师对他们的重视。

你的补充

做个有情的人

让学生活在“情”之中，好让他们也学会易地而处，体会别人的需要和感受而作出有情的回应。

“情”字从心部，“青”是美丽之意，故“心之美”谓“情”，拥有一颗美善的心的人是为有情人。而这颗美善的心往往建基于对别人的了解，明白别人内心的感受。

当我初任校长要职的时候，对学校许多行政运作并不了解，而学校本身亦非历史久远，故此有许多行政措施并未上轨道。当年中三的学生仍受“中三评核试”之苦，他们在校内考试的成绩需要作为能否获派中四学位的基础。

上学期中三年级特别提早考试，以便将分数依指定日期呈交教育署。但是在考试期内竟然遇上十号风球，全港学校均须停课，教师和学生获得难得的一天额外假期。我在家中却坐立不安，原因是学校原来在制定考试日程表时并没有考虑到台风的因素，若考试期内十号风球高挂，学生当然不用回校应考，但是当风球除下之后，究竟学生要按原定的时间表考试，还是将余下的考试时间顺延下去，则没有既定的政策了。假如我是一位中三学生，我想一定很焦急了，“明天返校时到底要考原定今天的中文或是明天的英文呢？我现在需要温习什么科目呢?”

为免学生在家中空焦急，同时为了考试的公平起见，我便冒着风雨返回学校，在校务处找到中三学生的通讯资料，一个一个地打电话给中三的学生，告诉他们考试的安排。正当我忙于打电话之际，竟有一位中三的班主任穿着水鞋、撑着雨伞回校，原来他与我一样记挂着学生，回校找学生的电话号码，于是我们二人便分担了这项“神圣”的任务。

我觉得我和这位班主任作了一次充满“情”的举动，我们都关心这群中三的学生，体会到他们内心的焦虑，因而作出这有情的回应，冒着十号风球的风和雨，回校给他们打电话，说明考试的安排，好让他们安心。

让学生活在“情”之中，好让他们也学会易地而处，体会别人的需要和感受而作出有情的回应。

个人反省

* 你有没有尝试为学生的处境感到忧心？你如何解决内心的担心呢？
* 在你的中学阶段，曾否有老师关心你而令你深受感动，那次经验对你今天当老师有什么启示?

具体实践

* 设身处地，感受学生们所受的压力，作出适当的回应，帮助学生解决困境，或支持他们面对这些压力。对面临困境的学生，可以送他一张小书签，写上表示关怀的问候语。

你的补充

有情的教室

我也喜欢以真我面对我的学生，因为我也是一个会哭、会笑、会兴奋、会失望的有情人。

——欣迎《教主哗鬼情未了》

林老师任教于一所第五组（Band5）的学校，学生的学习能力差，不善表达，自信心甚低。有一天，他步入中五B班上课，那是全男班的课室，他察觉到有些学生蠢蠢欲动，好像在传递些什么，查问之下，学生便告之真相，原来当天班内一位同学生日，同学们准备为他开一个生日会，当时正传递一张生日卡，让每位同学签上名字。

林老师并没有责怪学生上课“传字条”，相反，他打开生日卡，看见有些学生除签名外，也写上一些祝福语句或对生日的同学的观感。他称赞同学这一举动很有人情味，更鼓励学生们多写一些语句，表达对同学的祝福。

老师敏锐的触觉是帮助学生表达感受的重要因素。当林老师感到学生们兴致勃勃，好像很想为生日的同学即时庆祝，只是这群男孩子不善辞令，不知如何表达。林老师便决定暂时抛开手上的教学，他邀请学生们为生日的同学送上生日歌，学生们兴高采烈地送上祝福。

唱罢生日歌，林老师便邀请几位学生表达他们的感受及对生日同学的观感，学生们大都不习惯在众人面前分享自己的感受，但这一次都很坦诚地作出尝试。其后林老师请生日的同学致辞，这位同学便在众人面前说："这是我自中一以来最开心的一次生日，我知道大家都很关心我，我永远都不会忘记。"一边说一边流起泪来，旁边的同学忙递上纸巾。

其他同学看见他流泪，竟然一改平日嬉笑怒骂的作风，非但没有冷嘲热讽，大部分都报以鼓励的目光和微笑，致辞完毕，大家还报以热烈的掌声。他们发现原来与别人分享自己的感受并不困难，众人都能听得明白，而真情流露更能获得大家的鼓励和支持。

因为老师敏锐的触觉，这群中五学生虽然少了一堂数学课，但却上了"情意教育"宝贵的一课。

个人反省

* 在你的中学生活或过去教学的年月里，有没有上文所说的类似的经历呢？你有什么感想？
* 你认为"情意教育"可行吗？在你的教学过程中会多作这方面的尝试吗？

具体实践

* 把握机会，请学生分享内心的感受。
* 学生生日时，可以为他预备一张生日卡，请学生签名并写出祝福语；学生生病了，也可以送上慰问卡。

你的补充

早会

出于理性的分享，可使别人感受到你的分析能力；出于感性的分享，可使别人体会到你是个活生生的人。

“各位同学早上好，我们开始今天的早会。”这是我每一天上早会时跟学生说的第一句话。

我喜欢上早会，我觉得早会是学生每一天学习的开始，我当校长时不用负责正规课程的教学，于是早会便成为了我和学生交流的时间。我说“交流”一点也没有夸大其词，早会中我的分享虽然是单向的讲话，但是从学生的眼神、面部的表情或早会后遇上学生的闲谈中，我得到了回馈。

除了要出外开会的日子，每天的早会都由我负责，我跟学生分享的话题数不胜数，俯拾即是。我喜欢分享我的日常生活，我在太太怀孕时兴奋紧张的心情以及母亲病重入院的忧心焦虑，都曾经是我在早会的话题，事后竟收到学生的祝贺和慰问；林子祥所唱的“生命，生命这好家伙，何时我也说它不错，燃亮我”，我亦曾用它来勉励学生重视生命。

我在早会除了报告活动事项外，更喜欢与学生谈谈我在活动中所见的现象和感受，例如在拔河比赛中同学同心合作的精神令我感动；篮球比赛中某班的队伍虽然输了，但拉拉队仍不断地呐喊助威，我站在场边也受到他们的感染，为他们的队员打气。其他话题如我对社会时事的观点或是我的成长历程，我都乐于与学生分享，更让他们进入我的内心世界，明白这些事件带给我的感受。一般学生都很投入地上早会，甚至有些学生家长站在校外，静听我的分享，然后写信给我，表达他们的看法。

直到今日，在街上偶尔遇见以前的学生，他们都会谈及从前上早会的收获，这是我始料不及的。也许这是因为我愿意以真诚的态度，与学生分享我的感受所达至的结果。深情与至诚的分享，比起单单报告校内举办的课外活动、重申校规、指出近日学生常常违规的项目等，对学生的情意教育可以发挥更大的影响。

个人反省

* 你喜欢现时任教学校的早会安排吗？它主要发挥了什么功能？
* 你的学生在早会中的表现如何？他们喜欢上早会吗？若要改善早会的情况，你有什么建议？

具体实践

* 在早会中，与学生分享一些你的生活点滴或是过去成败得失的经验，让他们感受到你的另一面。
* 邀请学生在早会中分享他们对学校生活的体验。

你的补充

校长的纪念册

师生之间打破隔膜，建立深厚的情谊，完全出于你的主动和创意。

你曾经在学生的纪念册上留言吗？每年毕业生在离校前总会拿着印刷精美的纪念册，四处出动，请同学和师长为他们在纪念册上留言，作为他们日后缅怀学校生活的材料，同时自己也忙着为同学写上赠言，互相鼓励。

当学生邀请我写纪念册时，我义不容辞，欣然接过纪念册来，然后从办公桌上取下一本活页的纪念册，将一页交给他，请他也为我写一些离校赠言。在培养学生表达情绪感受时，给予适当的机会是很重要的。其实，校内大部分学生平日很少有机会跟我和教师交谈，更遑论对我们说心底话和感受了。但是毕业在即，内心可能有很多不同的感受和复杂的情绪，在纪念册上留言可以让他们借着文字，将这种感受向我们表白。同时，能够在校长或老师的纪念册上留言，一生中可能没有很多这样的机会吧！

学生在纪念册上所写的，许多时候给我很大的激励和鼓舞。就如有一位中五毕业生在我的纪念册上写下的一段文字：

刘校长：

从我入学第一天，我就感到你非常亲切，与我心目中的校长形象不同……每天早上，你会先向学生打招呼，这使我尊敬你。

在这几个月的学校生活里，虽然我还没有找到真正的自我，但我却过得愉快。过去，我曾想到自己非常没用，我的存在与否，对社会没有影响，因此我感到自卑。可是，每天早会中你所说的话引导我思考，让我明白我也是个有价值的人。在此多谢学校和老师的照顾，使我有机会改变。

5B 学生　明茵

明茵在这几个月中的成长以及借着文字向我表达心中的感受，使我对教育更加充满信心。

个人反省

* 在学生的纪念册上留言时，你会写些什么？你感到这种留言是一个额外的负担吗？

具体实践

* 预备一本活页纪念册，当学生请你写留言时，你也可以礼尚往来，邀请他也为你写留言，互相交流。

你的补充

不一样的周记

昔日他们写周记的时候流露了至真至诚的感情，我也用一颗赤诚之心作回应。

——欣迎《教主哗鬼情未了》

几年前，太太写了一本书，名为《教主哗鬼情未了》，内容记述身为教主（班主任）的她，与一群小哗鬼——她的学生——通过每星期的周记，交流内心的感受。这种真情流露，充分显示出师生间的情谊。我作为太太的伴侣，曾经伴着她度过这一段改周记的日子。当年每天放学后，太太都会带十多本周记返家。晚饭后，预备完第二天的课程，便进行她那回应周记的神圣任务。太太很用心地读每篇周记，她认为那是学生写给她的信，而她更花精神时间回应每一篇周记，有时学生只写了大半页，她却回应了一两页的篇幅。因此，为了回应周记，她时常至很晚才睡觉，令我这身为丈夫的也感心疼，劝她不要那么执著、那么花时间来回应周记。

当周记书出版后，我不但分享了太太的喜悦，更分享了一位热心的教育工作者和她的学生建立的“情”。每篇周记都各有特色，也有共同之处，它们都是温情洋溢，学生很自由地表达内心的感受，包括他们在考试制度下的挣扎、与家人相处的忧喜、朋友交往中的心情起伏、与挚友离别的愁绪、对恋爱的憧憬、与宠物间的感情，甚至对家乡的缅怀等等，都是至真至诚的表达。而老师的回应也是那么充满真情，能设身处地、感同身受地回应这群青少年成长路上的情绪。看着这一篇一篇的周记和回应，仿佛看见一位充满真诚同感的老师，为学生开辟了一个表达情绪感受的空间，在这空间中洋溢着关爱、理解和支持。我深感太太从前所花的时间是十分值得的。

你的学生可有写周记的习惯吗？你的回应又怎样呢？你也可以用真诚和感受来回应这群成长中的青少年，说不定，你和你的学生也可以创造另一个有情天地。

个人反省

* 你的学生喜欢写周记吗？你愿意花点时间回应每一篇周记吗？你如何令周记成为你与学生沟通的途径？

具体实践

* 细心阅读学生的周记，然后给他写上你的回应。写回应的时候可以先简述学生所写的事件，然后写出你的观点和感受。
* 在获得学生许可后，与全班同学分享你和他在周记上交流的内容。

你的补充

孩子，我爱你

让我不仅懂得如何去爱，也勇于去爱。

——杏林子《生之歌》

你曾经对学生说过“孩子，我爱你”吗？“我爱你”这三个字是很难讲出口的。不过，即使这是很难出口的三个字，但是我们与学生一起生活，要帮助他们不断成长，却非有爱心不可。

“爱”是很抽象的，不过一般人都或多或少知道爱是怎样的一回事，它代表一个人对另一个人无条件的关怀、接纳和尊重，事事以对方的利益为依归。今天在香港的青少年，许多生活在破碎或单亲的家庭，在这些家庭中可能受到许多创伤，旧的伤口尚未愈合，新的又来了。他们在情绪上常常出现孤单、愤怒、抑郁、羞惭或罪咎等表现，倘若这些负面的情绪未能充分疏导，恶劣的情绪自我形象便会随之而来。

让学生活在别人的关怀和爱护之中，这是培养他们自信自尊的最好方法，这些孩子会相信：“我仍然受到老师的关怀，我一定有一些很好的特质。”

读阿浓《共行人生路》一书，里面一篇名叫《爱的箴言》的文章很有意思，引述了圣雅各福群会墙壁上一段“爱的箴书”，其内容如下：

爱里没有忍耐，爱便肤浅；爱里没有宽容，爱便狭窄；

爱里没有尊重，爱便专制；爱里没有信赖，爱便短促；

爱里没有了解，爱便痛苦；爱里没有交流，爱便死亡。

爱不是忍耐，但包含了忍耐的特质；爱不等于宽容，但又包含宽容的真义；爱还包括了尊重、信赖、了解和交流等因子。

让我们有勇气对学生说一声："孩子，我爱你。"并以行动让学生活在我们的爱中，以我们的生命影响他们的生命，使他们健康愉快地成长。

个人反省

* 你的学生值得你爱他们吗？什么样的学生较容易得到你的关爱？
* 什么样的学生对老师的关爱有更大的渴求？你爱他们吗？

具体实践

* 与班上的学生建立一个默契，用一个动作——例如竖起右手中指和食指呈"V"状——作为"我关心你，我爱你"的代号。在不同的场合，用这一手势向学生表达"孩子，我爱你"。
* 个别地与班内的学生交谈，了解他们的近况，给予关注和问候。
* 以忍耐、宽容、尊重、信赖、了解和交流的态度和学生们相处，共同建立一个有情天地。

你的补充

读书笔记